中学レベルの英単語でネイティブとサクサク話せる本

会話力編

ニック・ウィリアムソン
Nic Williamson

ダイヤモンド社

はじめに

　グローバル化やインターネットの普及がドンドン進む現代の世界では、人と人の間にある壁は、「国境」ではなくて「言語」です。コミュニケーションさえできれば、世界中の誰とでも友だちになれます。しかし、それには、「言葉」そのものだけではなく、コミュニケーション能力である「会話力」も必要です。

　本書は『中学レベルの英単語でネイティブとペラペラ話せる本』の第2弾です。それぞれのテーマが違うので、第1弾を読んでないとこの本の内容がわからないということはありません。また、どちらから先に読んでいただいても構いません。それぞれ重点が違うこの2冊は、みなさんのコミュニケーション能力を高める最強コンビとして相乗効果をもたらします。

　第1弾では、「英語の思考回路」と「英語のストラクチャー（骨格）」に焦点を当てました。日本語に合わせた「日本語英語」よりも、本当の英語のほうがずっとシンプルであることを理解し、日本語で理屈を考えたり、難しい単語を使ったりせずに、ネイティブと同じ思考回路で自然な英語が簡単に話せるようになる4つのコツを紹介しました。

　この第2弾のテーマは「会話力」です。

　会話の場面では、文を組み立てている余裕はありません。できるだけ「考えずに話す」ことが求められます。本書では、他にはない、非常に効果的な「考えずに、反射的に英語を英語で返す」ドリルを採用しています。このドリル練習を行うことで、質問された際に、「反射的に英語を英語で返す」テクニックが身につきます。

　また、会話というと、質問とその答えという流れを思い浮かべがちですが、実際にはその大半はお互いの過去の体験談や最近の出来事を話し合ったりすることで成り立っています。これも大切なコミュニケーションです。本書で紹介している「体験談を語る流れ」をテンプレートにして話してみると案外簡単にできることがおわかりいただけるでしょう。

　さらに、人の話を聞いたときに、「会話力」につながる大切な3つのスキル「質問をする」「感想を言う」「関連話につなぐ」についても学びます。

そうした会話力を身につけていただくために書かれた本書は次の４つのChapterから構成されています。

　Chapter 1では、「考えずに話せる」コツを学びます。「文法を考えずに質問するコツ」と「聞かれた質問を反射的に英語を英語で返すテクニック」が特に会話で非常に役に立ちます。

　Chapter 2では、エピソードを語る流れや、人の話を受けて関連話につなぐ方法を覚えて、話を盛り上げるコツを学びます。

　Chapter 3では、「感想を言う」言い方を学びます。

　Chapter 4では、日常会話で頻繁に登場する「仮の話（仮定法）」を使いこなせることを目標にしています。文法という視点から見るのではなく、「実用的な使い方」に重点を置いた練習を行うことで、多くの人が苦手意識を持っている「仮定法」も簡単に感じられるようになります。

　本書で紹介しているスキルを身につけておくと、会話をOh, I see...「ああ、そうですか…」と気まずい雰囲気で終わらせずに、話をドンドン盛り上げ、真のコミュニケーションをとることができます。

2013年4月
ニック・ウィリアムソン

CONTENTS

CHAPTER 1　考えずに話せるテクニック

❶「塊」で覚える　・・・・・・・・・・・・・・・・・・・・・・・・・・・013

塊で覚えたほうが文を組み立てやすい ・・・・・・・・・・・・・・・・・ 013
単語を1つずつ意識していると日本語英語になる ・・・・・・・・・・・・ 013
言い回しをグループ化して「型」として覚えよう ・・・・・・・・・・・・・ 014
「型」に入れる動詞もグループ化して頭に入れておこう ・・・・・・・・・ 016
A+Bでその場で瞬時に文を作れる ・・・・・・・・・・・・・・・・・・・ 018
塊として暗記して、何が続くかを覚える ・・・・・・・・・・・・・・・・・ 020
この方法で、どんなに難しいものも簡単になる ・・・・・・・・・・・・・ 023

❷ ほとんど考えずに質問する　・・・・・・・・・・・・・・024

質問の一部を塊として覚える ・・・・・・・・・・・・・・・・・・・・・・ 024
英語の質問には2種類ある ・・・・・・・・・・・・・・・・・・・・・・・ 026
What / Whoが主語の場合 ・・・・・・・・・・・・・・・・・・・・・・ 028

[表現パターン]

パターン1	〈Can I...?〉 ・・・・・・・・・・・・・・・・・・・・・・・	030
パターン2	〈Can you...?〉 ・・・・・・・・・・・・・・・・・・・・・	030
パターン3	〈I have to...〉 ・・・・・・・・・・・・・・・・・・・・・	032
パターン4	〈I don't have to...〉 ・・・・・・・・・・・・・・・・・	032
パターン5	〈I wanna...〉 ・・・・・・・・・・・・・・・・・・・・・・	034
パターン6	〈I don't wanna...〉 ・・・・・・・・・・・・・・・・・・	034
パターン7	〈Do you wanna...?〉 ・・・・・・・・・・・・・・・・・	036
パターン8	〈Do you want me to...?〉 ・・・・・・・・・・・・・・	038
パターン9	〈Do you...? / Does he/she...?〉 ・・・・・・・・・	040

パターン10	〈Are you ...ing? / Is he ...ing?〉	042
パターン11	〈Did you...? / Did he...?〉	044
パターン12	〈Are you gonna...? / Is he gonna...?〉	046

COLUMN ミックス&マッチ例文 ································ 048

❸ 反射的に答える ·· 050

聞かれた質問で答え方が決まる ································ 050
多くの場合、前置詞も自分で考える必要はない ················ 052
どんな時制にも効く ·· 057
動詞の活用も自動的に行う ····································· 060
進行形もbe動詞を使うので感覚は同じ ························· 063
いくつかの例外 ·· 066
「ごまかし」と「真の能力」の違い ································ 068

[ドリル] CDでドリルをやってみよう!
　現在形 ··· 072
　進行形 ··· 078
　過去形 ··· 084
　未来形 ··· 090

CHAPTER 2　会話力テクニック

❶ エピソードなどを語る ································· 099

会話の大半は、過去の体験談やエピソードを語ること ·········· 099
出だし ·· 099
出来事と状況説明 ··· 103
過去の言い回しを増やそう! ···································· 105
予想していたこと ·· 108

[表現パターン]
　パターン13　出だし〈something+形容詞(主語)〉 ············ 110

パターン14	出だし〈something＋形容詞（目的語）〉	110
パターン15	出だし〈Guess＋WH名詞節〉	110
パターン16	状況と出来事	112
パターン17	過去の言い回し〈I wanted to...〉	114
パターン18	過去の言い回し〈I didn't wanna...〉	114
パターン19	過去の言い回し〈I had to...〉	116
パターン20	過去の言い回し〈I didn't have to...〉	116
パターン21	過去の言い回し〈I was gonna...〉	118
パターン22	過去の言い回し〈I wasn't gonna... / I didn't mean to...〉	118
パターン23	予想していたこと〈I thought＋主語＋would... / I didn't think＋主語＋would...〉	120

学んだことを使って体験談を述べる ･･････････････････････････ 122

❷ 話をつなぐ ･･････････････････････ 124

会話力で大事な3つのこと ･･････････････････････････ 124
人の話を受けて、「私にも同じようなことがあった」と言う ･･････････ 125
人に話を振る ･･････････････････････････ 126
関連話をする ･･････････････････････････ 127

[表現パターン]

| パターン24 | 話をつなぐ〈...happened to...〉 話を振る〈Has ... ever happened to you?〉 | 130 |
| パターン25 | 関連話をする〈Speaking of...〉 | 132 |

CHAPTER 3 感想を言う：五感の動詞の使い方

❶ 五感の動詞に語句を続ける ････････････ 137

どの感覚を通して、そう感じたかによって使い分ける ････････････ 137
動詞として使う ･･････････････････････････ 138
「今のこと」でも現在形で使う ･･････････････････････････ 138

形容詞をそのまま続ける	139
日本語に合わせるのではなく、英語に合わせた英語	141
soundの使い方を活かして「会話力」を上げよう!	143
名詞を続けるならlikeを使う	144
howは形容詞扱い、whatは名詞扱い	146

❷ 五感の動詞に文を続ける　　147

likeには文も続けられる	147
feelの使い方	151

[表現パターン]

パターン26	〈look＋形容詞〉	156
パターン27	〈look like＋名詞〉	158
パターン28	〈It looks like＋文〉	158
パターン29	〈sound＋形容詞〉	160
パターン30	〈sound like＋名詞〉	162
パターン31	〈It sounds like＋文〉	162
パターン32	〈smell＋形容詞〉	164
パターン33	〈smell like＋名詞〉	164
パターン34	〈It smells like＋文〉	164
パターン35	〈taste＋形容詞〉	166
パターン36	〈taste like＋名詞〉	166
パターン37	〈It tastes like＋文〉	166
パターン38	〈feel＋形容詞〉	168
パターン39	〈feel like＋名詞〉	168
パターン40	〈I feel like＋名詞〉	170
パターン41	〈I feel like / It feels like＋文〉	170

CHAPTER 4 仮定法を使って仮の話をする

❶ wish で仮定法の感覚をつかむ ・・・・・・・・・・・ 176

I hope と I wishの違いで理解しよう! ・・・・・・・・・・・・・・・・・ 176

I wishに続く他の時制 ・・・・・・・・・・・・・・・・・・・・・・・・・・・ 179

[表現パターン]

パターン42　〈I wish＋過去形〉・・・・・・・・・・・・・・・・・・・ 186

パターン43　〈I wish＋過去進行形／(be/haveなら)過去形〉・・・ 188

パターン44　〈I wish＋過去進行形〉・・・・・・・・・・・・・・・・ 190

パターン45　〈I wish＋主語＋would...〉・・・・・・・・・・・・・・ 190

パターン46　〈I wish＋過去完了形〉・・・・・・・・・・・・・・・・ 192

❷ should / could / would のいろいろな使い方 ・・・・ 194

「shouldは仮定法」という感覚はない ・・・・・・・・・・・・・・・・・ 194

couldにはいろんな使い方がある ・・・・・・・・・・・・・・・・・・・ 195

wouldはwillの過去形 ・・・・・・・・・・・・・・・・・・・・・・・・・・ 198

未来が決まっているなら過去進行形で仮の話をする ・・・・・・・・ 200

wouldを使うだけで、if節は必要ない ・・・・・・・・・・・・・・・・・ 201

アドバイスをするとき、求めるときにwouldを使う ・・・・・・・・・・ 203

wouldで「まさか!」・・・・・・・・・・・・・・・・・・・・・・・・・・・・・ 204

[表現パターン]

パターン47　〈should (1)〉・・・・・・・・・・・・・・・・・・・・・・ 208

パターン48　〈should (2)〉・・・・・・・・・・・・・・・・・・・・・・ 208

パターン49　〈could (1)〉・・・・・・・・・・・・・・・・・・・・・・・ 210

パターン50　〈could (2)〉・・・・・・・・・・・・・・・・・・・・・・・ 212

パターン51　〈couldn't〉・・・・・・・・・・・・・・・・・・・・・・・・ 212

パターン52　〈would (1)〉・・・・・・・・・・・・・・・・・・・・・・ 214

パターン53　〈would (2)〉・・・・・・・・・・・・・・・・・・・・・・ 216

パターン54　〈would (3)〉 ･･････････････････････････････ 216

❸ 過去の仮の話なら should've / could've / would've ･･･ 218

過去の仮の話は「二重過去」 ･････････････････････････ 218
I should've gone earlier!「もっと早く行けばよかった!」 ････ 220
I shouldn't have gone!「行かなきゃよかった!」 ････････ 221
I could've gone!「行けたのに!」 ･････････････････････ 222
英語は日本語より「時制」にうるさい ･･････････････････ 223
実際はなかったことだけど「ありえた」 ････････････････ 226
I would've gone.「行ったのにな」 ････････････････････ 228
I would've はだいたいif I had (done)と一緒に使う ･･････････ 229

◎ ［表現パターン］
　　パターン55　〈I should've＋過去分詞〉 ･･･････････････ 232
　　パターン56　〈I shouldn't have＋過去分詞〉 ･･････････ 234
　　パターン57　〈I could've＋過去分詞〉 ･･･････････････ 236
　　パターン58　〈I would've＋過去分詞（＋if I had＋過去分詞）〉 ･･･ 238

　COLUMN　wasではなくてwereじゃないの? ･････････････････ 240

INDEX ･･･ 241

CDの使い方
付属のCDには、次の内容が収録されています。
・表現パターン
　それぞれの英文のあとに、リピートポーズがあります。聞いた英文を、このポーズの間に繰り返せるように練習しましょう。
・ドリル
　疑問文、または、その一部を聞いて、即答する練習です。詳しい練習方法は、71ページに記載されています。

ページ左上についているCDマークには収録トラックが表示されています。たとえば、左のマークはCDのTrack 12にその部分の英文が収録されていることを意味します。

CHAPTER 1
考えずに話せるテクニック

Chapter 1
考えずに話せるテクニック

対話力を身につける

　正しい英語で話さないと言いたいことが伝わらないと思っていても、会話をする場面で細かい文法を考える余裕がない。会話に参加したいけど、結局は迷いすぎて口から何も出てこない。聞かれた質問は理解できても、どう答えたらいいかわからない。こういった悩みを感じたことがある方は少なくないでしょう。

　でも、心配しないでください! あきらめないでください!
　このチャプターでは、考えずに、迷わずに、正しくなおかつ自然な英語が話せるようになるコツを教えます。
　言い方が決まっているので、自分で英文を作らずにすみます。そして、答え方も決まっているので、考えずに、自動的に、英語で聞かれたことを英語で答えることもできます。
　「❶『塊』で覚える」と「❷ほとんど考えずに質問する」でコツをつかめば、考えずに自分から話せるようになります。そして、「❸反射的に答える」のドリルで練習すれば、聞かれた質問に対しても反射的に答えられるようになります。

　このチャプターで「対話力」を身につけましょう。

❶「塊」で覚える

塊で覚えたほうが文を組み立てやすい

　受験勉強などでは、英語を細かく切りすぎています。単語を1つずつ、別々に意識していると、文が組み立てにくく、また、日本語の直訳になってしまいます。「単語を1つずつ日本語から英語に訳す」→「複数の文法項目を意識する」→「結局は当てずっぽうで単語を並べる」というやり方を何年やっても英語ができるようにはなりません。

　話す場面では、いかに考える量を少なくするかが大事です。「どう答えようか」などと考えているうちに会話が進んでしまうといった経験のある人は少なくないはずです。**塊で憶えることで、自分が考えなければならないことがほとんどなくなります。**そして、それと同時に、日本語英語からネイティブ英語にも変わります。一石二鳥ですね。

単語を1つずつ意識していると日本語英語になる

　英語と日本語では、最初から表現の仕方がまったく違います。単語を1つずつ意識したり、自己流で並べてみたりしてでき上がるのは日本語英語なのです。英単語を使った日本語の表現にすぎないのです。

　難しく考えて時間がかかり、結局は日本語英語になる。そのやり

方は早く卒業しちゃいましょう。**言語を習得するコツは、単語をグループ化して言い回しを1つの「塊」として覚えることです。**

英語のI'm looking forward to...（…を楽しみにしている）という言い方は日本でも有名ですが、単語を1つずつ意識する頭で訳すと、「…を前に見ている」と変な日本語になります。ぼくのイギリス人の友だちが実際にそう直訳して「パーティーを前に見ている」という日本語を使っていますが、やはり日本人には通じません。この日本語は通じなくて当然な、ダメな日本語ですが、これと同じような英語を話している日本人は多い。彼のようにはならないでくださいね!

「…を楽しみにしている」を1つの塊として覚える。I'm looking forward to... を1つの塊として覚える。これがコツです。

言い回しをグループ化して「型」として覚えよう

パーツは多ければ多いほど組み立てにくく、間違えやすくなります。逆に言えば、パーツが少なければ少ないほど文は作りやすく、そして間違えにくくなります。「型」を覚えるときには、1つ1つの単語をバラバラに覚えるのではなくて、**複数の単語をグループ化して、1つの言い回しとして覚えるのがコツです。**

いくつか簡単な言い回しを紹介します。どれも「型」として覚えておきましょう。

Can I...?
…してもいい?

Can you...?
…してくれる?

I have to...
…しなきゃいけない。

I don't have to...
…しなくてもいい。

I wanna...
…したい。

I don't wanna...
…したくない。

Do you wanna...?
…したい?／一緒に…しようか?

Do you want me to...?
…してほしい?／私が…しようか?

Why don't you...?
あなたが…すれば?

Don't...
…しないで。

「型」に入れる動詞もグループ化して頭に入れておこう

go home という英語の意味を知らない人はおそらくいないと思います。しかし、いざ自分から話すとなると、go my home、go back to home、go to my home など、いろんな間違いをしているのをよく聞きます。それは、go と home を別々の単語として頭に入れているからなのです。

go と home が別々に頭に入っていると、「to が入るのかな?」とか「my が必要なのかな?」など、いろいろと迷ってしまいます。その迷いこそが「頭ではわかっているけど口から出てこない」病の原因です。

最初から、「帰るは go home」と塊として覚えていれば、迷わないし間違えないし、何の苦労もなく簡単に口から出てくるようになります。

「塊で覚える動詞」をいくつか紹介します。
一般的なこと
go home	帰る
go to work	会社に行く

go to the gym	ジムに行く／通う
get up	起きる
go to bed	寝る
get a haircut	髪を切る
get money out	お金をおろす

遊び

see a movie	映画を観る
get a video	ビデオを借りる
go drinking	飲みに行く
go shopping	買い物する
eat out	外食する
go to the beach	海に行く

家事

clean the house	家の掃除をする
make dinner	夕飯を作る
do the dishes	皿洗いをする

仕事関係

get a job	就職が決まる
get promoted	昇格する
get transferred	異動・転勤になる
fill the quota	ノルマを達成する
meet the deadline	締め切りに間に合う
do overtime	残業をする

get in trouble	怒られる

恋愛

ask ... out	…に告白する／…をデートに誘う
break up	別れる
get back together	よりを戻す

A+B でその場で瞬時に文を作れる

話す場面では一から文を考える余裕はないし、自分で考えて作った文も日本語英語になりがちです。しかし、**塊として「型」も「動詞」も先に頭に入れておけば、しゃべる場面では「A + B」で簡単に組み合わせるだけでいいのです。**考える必要もないし、ネイティブと同じ表現になります。たとえば、

A	+	B
Can I...?		go home
Can you...?		get money out
I have to...		get a job
I don't have to...		meet the deadline
I want to...		go drinking
I don't want to...		go to the beach
Do you want to...?		eat out
Do you want me to...?		make dinner
Why don't you...?		break up
Don't...		get in trouble

内容的に変な意味になる組み合わせもあるかもしれませんが、どれをどれと合わせても文法的に正しい英語になります。ネイティブはこのように英語を意識しています。

　また、**形容詞を使う場合は「be＋形容詞」で続ければいいのです。**日本語の言い方を考えずに、「A には動詞の原形が続き、形容詞なら be を使う」だけを意識したほうが簡単だし、ネイティブと同じ感覚になります。

　たとえば、「正直に答えてもいい?」なら、Can I answer honestly? と日本語を直訳するのではなくて、「honest は形容詞だから be を使う」とだけ考えて、

Can I be honest?

と言ったほうがずっと簡単だし、ずっと自然です。また、「失礼なことを言わないで」も、「失礼なことをしないで」も、「失礼な態度を取らないで」も、

Don't be rude.

とだけ言います。Don't say rude things. や Don't do rude things. や Don't have a rude attitude. はどれも必要以上に難しいし、3つを使い分けないといけないし、そして何よりも、すごく不自然な英語なのです。日本語英語よりも、本当の英語のほうが簡単なのです。

塊として暗記して、何が続くかを覚える

このようにすれば、細かい文法を考えずにすむので非常に楽になり、ほぼ考えずに話せるようになりますが、1つだけ必ず考えなくてはならないことがあります。それは、その塊には何が続くかです。たとえば、動詞の原形が続くのか、ing形が続くのかなど、**それぞれの塊に続くものは必ず決まっています**。それ以外のものは絶対に間違いになります。この意識は非常に大事です。それを意識さえすれば、細かい文法は考えずにすむのです。

たとえば、前述の Can I...? や I have to... などには動詞の原形が続きます。名詞や形容詞や動詞の ing 形などが続くことは絶対にありません。

ポイントとして、
・動詞の原形以外は必ず間違い。
・動詞の原形なら、何でも大丈夫。
ということを覚えておきましょう。

I'm looking forward to....

の場合は、名詞、もしくは動詞の ing 形（動名詞）が続きます。動詞の原形や形容詞では必ず間違いになります。また、名詞か動名詞なら、何を続けても大丈夫です。（前著『中学レベルの英単語でネイティブとペラペラ話せる本』にその応用例が掲載されています）

たとえば、

I'm looking forward to the weekend.
週末が楽しみ。

I'm looking forward to the party.
パーティーが楽しみ。

I'm looking forward to seeing you.
君に会うのが楽しみ。

I'm looking forward to being free.
自由になるのが楽しみ。

のようになります。また、

I should've....
…すべきだった／…すればよかった

なら、必ず動詞の過去分詞（done や gone など）が続きます。それ以外のものは必ず間違いですが、逆に動詞の過去分詞なら何で

も大丈夫です。「何で 've が入っているんだろう?」などと難しいことを考えずに、**塊とそれに続くものだけを覚えれば簡単に使いこなせます。**

I should've gone.
行けばよかった。

I should've gotten up earlier.
もっと早く起きればよかった。

I should've cleaned the house.
家を掃除すればよかった。

I should've been kind.
やさしくすればよかった。

「塊」で意識するようにして、何が続くかを意識するようにすれば、たとえ初めて見る英語でも、簡単に使いこなせるようになります。そうすれば、英語字幕で映画を1本観るだけで、多くのことが学べます。単語だけを意識している人にとってはあまり勉強にならないのです。

この方法で、どんなに難しいものも簡単になる

　文法的には非常に難しい英語がたくさんあります。しかし、文法的に考えるから難しいだけなのです。**文法的に理解をしようとせずに、「意味」と「使い方」だけを覚えれば、難しい文法の英文でも、簡単に使いこなせます。**

　たとえば、最高級の難しい文法の1つ、「過去のことに対して仮定法を使う」英語を見てみましょう。

I would've gone if I had known.
もしそれを知っていたのなら行ったのにな。

　文法的には非常に難しい英語です。英語の超上級者でも、文法だけを考えて自分で作れる人はほとんどいません。作れたとしても時間が非常にかかるので、会話では結局使えません。

　しかし、

I would've (done) if I had (done).

と「型」として覚え、would've や had に動詞の過去分詞を続けさえすれば、それで完成です。つまり、

I would've gone if I had known.

と、gone と known さえ入れれば、簡単に自然な英文ができます。ぼくの教室では、初級レベルの生徒さんでも使いこなしています。

❷ ほとんど考えずに質問する

質問の一部を塊として覚える

　会話力で非常に大事なものの1つは、相手に質問をすることです。質問することは、相手の話に興味を持っていることを示します。しかし、会話のスピードがかなり速いので、頭の中で文法を考えたり疑問文を作ったりする時間はありません。質問を組み立てているうちに話がドンドン進んで、結局何も聞かずにいる。これでは、話し相手に「私の話に興味ないのかな」と思われてしまうので、やはり**時間をかけずに、スピーディーに質問ができる力が必要となります。**

　今回の「塊で覚える」テクニックは質問するときも適用できます。

たとえば、過去形の質問を見てみましょう。過去の質問ならDid you...?を使います。このdid youを塊として覚えておいて、右側に動詞の原形を続けます。過去形ですが、疑問文では動詞の原形を使うので本当に簡単です。そして、左側にwhat / where / whoなどを付け加えるだけです。

What	**did you**	**do?**
Where	**did you**	**go?**
Who	**did you**	**go with?**
What time	**did you**	**meet?**

What eat?やWhere go?では、最低レベルのブロークンイングリッシュになってしまいますが、間に1つの塊を入れるだけで、一気にすばらしいネイティブレベルの英語に変わります。did youなどを1つの塊として覚えておけば、Where eat?と同じくらい簡単に、それでいて正しくて自然な英語が言えるようになります。

普段のことなら、do youやdoes heを間に入れます。

What	**do you**	**do?**
Where	**do you**	**live?**
Where	**does he**	**work?**
What food	**does he**	**like?**

未来のことなら、are you gonnaやis she gonnaなどを間に入れます。

What	are you gonna	do?
Where	are you gonna	go?
Who	is she gonna	go with?
What time	is she gonna	finish?

英語の質問には2種類ある

Type 1

Did you go? ↗

疑問詞はなく、語尾が上がって、Yes/No で答えるもの。

Type 2

Where did you go? ↘

疑問詞から始まり、語尾が下がって、Yes/No では答えられないもの。

たとえば、

Do you wanna...?

を見てみましょう。直訳は「…したい?」ですが、「一緒に…しようか?」という意味でも使います。「Do you wanna」を1つの塊として覚えて、動詞の原形を続けます。

Do you wanna go shopping? 買い物行こうか?
Do you wanna have lunch? ランチしようか?

Do you wanna ...? が塊として頭に入っていれば、ほとんど考えずに話すことができます。

または、what や where などを付けて、

What	**do you wanna**	**do?**	どうしようか?
What	**do you wanna**	**eat?**	何を食べようか?
Where	**do you wanna**	**go?**	どこ行こうか?
What time	**do you wanna**	**meet?**	何時に待ち合わせしようか?

などとできます。

また、

Do you want me to...?

は、直訳すると「私に…してほしい?」ですが、「私が…しようか?」という意味の言い回しです。**これを1つの塊として覚えておけば、あとは動詞の原形を付け加えるだけで簡単に英文が作れます。**

Do you want me to help? 私が手伝おうか?
Do you want me to make dinner? ぼくが夕飯作ろうか?

そして、what / where などを付けて、

What do you want me to do?
　　　　　　　　　　　　　　私は何をすればいい?

What time do you want me to come?
　　　　　　　　　　　　　　何時に来ればいい?

What do you want me to bring?
　　　　　　　　　　　　　　何を持っていけばいい?

What time do you want me to make dinner?
　　　　　　　　　　　　　　夕飯は何時に作ればいい?

といった英文もできます。

　疑問文はすべて同じ使い方です。そして、続く動詞や文頭に付ける疑問詞は中学レベルの簡単な単語ばかりです。**間に入れる「塊」をものにすることが一番重要ですね。**そして、それを次のように使い分けるだけです。

What	do you	do?	仕事は何ですか?
What	did you	do?	何をしたの?
What	are you gonna	do?	何するつもり?
What	do you wanna	do?	何がしたい?
What	do you want me to do?		私にどうしてほしい?

What / Who が主語の場合

「何を」ではなくて「何が」、「だれと」ではなくて「だれが」と、What / Who などが主語になっている質問だけ、文の作り方が少

し違います。**What / Who が主語の場合、疑問文であっても、肯定文の形をとります。**たとえば、おなじみの What happened?（何が起きたの？）は、よく見ると肯定文 I went.（ぼくが行った）と同じ文型です。

主語　＋　動詞の過去形
I　　　went.
What　happened?

「何が起きたの？」には「あなたが」という主語がないので did you は使わないということです。また、「だれが…したの？」と聞く場合も、

He came.　　　　　　　彼が来た。
Who came?　　　　　　だれが来た？

と He を Who に置き換えるだけです。次のような文もすぐにできます。

It's gonna happen.　　　それが起きそう。
What's gonna happen?　何が起こりそう？

He's gonna come.　　　彼が来る。
Who's gonna come?　　だれが来る？

CHAPTER 1 考えずに話せるテクニック | **029**

表現パターン
パターン1 〈Can I...?〉

1. Can I come?
2. Can I go home?
3. Can I borrow it?
4. Can I talk to you?
5. Can I be late?
6. Can I be honest?
7. Can I not go?
8. Can I not make dinner?

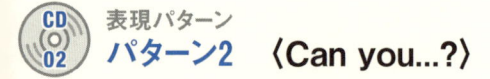

表現パターン
パターン2 〈Can you...?〉

1. Can you help me?
2. Can you call me back?
3. Can you do the dishes?
4. Can you email me the photo?
5. Can you be kind?
6. Can you be serious?
7. Can you not go?
8. Can you not tell him?

「…してもいい?」

1. 私も行ってもいい?
2. 帰ってもいい?
3. 借りてもいい?
4. ちょっと話してもいい?
5. 遅れて行ってもいい?
6. 正直に答えてもいい?
7. 行かなくてもいい?
8. 夕飯は作らなくてもいい?

「…してくれる?」

1. 手伝ってくれる?
2. 折り返し電話をくれる?
3. 皿洗いをしてくれる?
4. その写真をメールで送ってくれる?
5. 優しくしてくれる?
6. まじめに聞いてくれる?
7. 行かないでくれる?
8. 彼に言わないでくれる?

表現パターン
パターン3 〈I have to...〉

1. I have to go to work.
2. I have to get up early.
3. I have to do overtime.
4. I have to meet the deadline.
5. I have to get money out.
6. I have to be careful.
7. I have to be smart.
8. I have to not be late.

表現パターン
パターン4 〈I don't have to...〉

1. I don't have to work tomorrow.
2. I don't have to make dinner.
3. I don't have to go home.
4. I don't have to take anything.
5. We don't have to go out.
6. We don't have to be there on time.
7. You don't have to answer that.
8. You don't have to worry.

「…しなきゃいけない」
1. 会社に行かなきゃいけない。
2. 早起きしなきゃいけない。
3. 残業しなきゃいけない。
4. 締め切りに間に合わせなきゃいけない。
5. お金をおろさなきゃいけない。
6. 気をつけなきゃいけない。
7. 賢くやらなきゃいけない。
8. 遅刻はできない。
   （遅れないようにしなきゃいけない）

「…しなくてもいい／…する必要はない」
1. 明日は仕事しなくてもいいんだ。
2. 夕飯を作らなくてもいい。
3. 帰らなくても大丈夫。
4. 何も持って行く必要はない。
5. 外出しなくてもいいよ。
6. 時間通りに行かなくても大丈夫。
7. それには答えなくていいよ。
8. 心配しなくても大丈夫。

表現パターン
パターン5 〈I wanna...〉

1. I wanna go drinking.
2. I wanna get a haircut.
3. I wanna go to LA.
4. I wanna go out with him.
5. I wanna do something new.
6. I wanna go somewhere romantic.
7. I wanna be happy.
8. I wanna be confident.

表現パターン
パターン6 〈I don't wanna...〉

1. I don't wanna go.
2. I don't wanna make dinner.
3. I don't wanna get in trouble.
4. I don't wanna get up.
5. I don't wanna break up.
6. I don't wanna talk about it.
7. I don't wanna be late.
8. I don't wanna be rude.

「…したい」
1 飲みに行きたい。
2 髪の毛を切りに行きたい。
3 LAに行きたい。
4 彼と付き合いたい。
5 何か新しいことがしたい。
6 どこかロマンチックなところに行きたい。
7 幸せになりたい。
8 自信を持ちたい。

「…したくない」
1 行きたくない。
2 夕飯は作りたくないな。
3 怒られたくないな。
4 起きたくない。
5 別れたくない。
6 その話はしたくない。
7 遅刻はしたくない。
8 失礼なことはしたくない。

表現パターン
パターン7 〈Do you wanna...?〉

Type 1　疑問詞がなく、語尾が上がって、Yes/No で答えるタイプ

1. Do you wanna have lunch?
2. Do you wanna eat out?
3. Do you wanna meet?
4. Do you wanna see a movie?
5. Do you wanna go to the beach?
6. Do you wanna go home?
7. Do you wanna not go?
8. Do you wanna not invite Dave?

Type 2　疑問詞から始まり、語尾が下がって、Yes/No では答えられないタイプ

9. What do you wanna do?
10. Where do you wanna go?
11. What do you wanna say?
12. What do you wanna eat?
13. Where do you wanna eat out?
14. What time do you wanna meet?
15. What movie do you wanna see?
16. How much weight do you wanna lose?

「…したい？／一緒に…しようか？」

1. ランチしようか？
2. 外食しようか？
3. 会おうか？
4. 映画を観に行こうか？
5. 海に行こうか？
6. 帰りたい？
7. 行くのをやめようか？
8. Daveを誘わないでおこうか？

9. どうしようか？
10. どこに行こうか？
11. 何が言いたいの？
12. 何を食べようか？
13. どこで外食しようか？
14. 何時に待ち合わせしようか？
15. 映画は何を観ようか？
16. 何キロやせたいの？

表現パターン
パターン8 〈Do you want me to...?〉

Type 1　疑問詞がなく、語尾が上がって、Yes/No で答えるタイプ

1. Do you want me to help?
2. Do you want me to check?
3. Do you want me to make dinner?
4. Do you want me to do the dishes?
5. Do you want me to pick you up?
6. Do you want me to bring anything?
7. Do you want me to send you the file?
8. Do you want me to ask him?

Type 2　疑問詞から始まり、語尾が下がって、Yes/No では答えられないタイプ

9. What do you want me to do?
10. What do you want me to bring?
11. What time do you want me to come?
12. What time do you want me to make dinner?
13. What do you want me to make?
14. What do you want me to say?
15. Where do you want me to pick you up?
16. What file do you want me to send?

「…してほしい？／私が…しようか？」

1. 手伝いましょうか？
2. 調べてあげようか？
3. 私が夕飯を作ろうか？
4. ぼくが皿洗いしようか？
5. 迎えに行こうか？
6. 何か持ってきてほしい？
7. そのファイルを送ってあげようか？
8. 彼に聞いておいてあげようか？

9. 私は何をしましょうか？
10. 何を持っていけばいい？
11. 何時に行けばいい？
12. 夕飯は何時に作ればいいの？
13. 何を作ればいい？
14. 何と言ってほしいの？
15. どこまで迎えにいけばいい？
16. どのファイルを送ればいい？

表現パターン
パターン9 〈Do you...? / Does he/she...?〉

Type 1 疑問詞がなく、語尾が上がって、Yes/No で答えるタイプ

1. Do you cook?
2. Do you drink?
3. Do you go to the gym?
4. Do you like sushi?
5. Does he smoke?
6. Does he play golf?
7. Does she work?
8. Does she have a boyfriend?

Type 2 疑問詞から始まり、語尾が下がって、Yes/No では答えられないタイプ

9. What do you do?
10. Where do you work?
11. Where do you go out?
12. What time do you finish work?
13. Where does he live?
14. How often does he play golf?
15. What music does she like?
16. What does she do after work?

普段のこと／習慣

1. 料理はしますか？
2. お酒は飲むの？
3. ジムに通っているの？
4. 寿司は好きなの？
5. 彼は喫煙者なの？
6. 彼はゴルフはやるの？
7. 彼女は職についてますか？
8. 彼女には彼氏はいるの？

9. 普段何をしている人ですか？（どんな職業なの）
10. 普段はどこで働いているの？
11. いつもどこで遊んでいるの？
12. だいたい何時に仕事が終わるの？
13. 彼はどこに住んでいるの？
14. 彼はどれくらい（の頻度で）ゴルフするの？
15. 彼女はどんな音楽が好きなの？
16. 彼女は会社のあとはいつも何してるの？

表現パターン
パターン10 〈Are you ...ing? / Is he ...ing?〉

Type 1 疑問詞がなく、語尾が上がって、Yes/No で答えるタイプ

1. Are you listening?
2. Are you wearing contacts?
3. Are you going to work?
4. Are they going out?
5. Is he working?
6. Is he driving?
7. Is she staying with you?
8. Is she eating out?

Type 2 疑問詞から始まり、語尾が下がって、Yes/No では答えられないタイプ

9. What are you doing?
10. What are you drinking?
11. What are you watching?
12. What are you talking about?
13. Where are they having lunch?
14. Who is he playing golf with?
15. Where are we going?
16. Who is she talking to?

今していること／一時的なこと

1 聞いてるの？
2 今、コンタクトしているの？
3 今、会社に向かってるの？
4 彼らは付き合ってるの？
5 彼は今、仕事中？
6 彼は今日、車なの？
7 彼女はあなたのうちに泊まっているの？
8 彼女は今、外食中？

9 今、何してるの？
10 何を飲んでるの？
11 何を観てるの？
12 何の話をしてるの？
13 彼らはどこでランチしてるの？
14 彼はだれとゴルフやってるの？
15 私たちは今どこに向かってるの？
16 彼女はだれとしゃべってるの？

表現パターン
パターン11 〈Did you...? / Did he...?〉

Type 1 疑問詞がなく、語尾が上がって、Yes/No で答えるタイプ

1. Did you have fun?
2. Did you go?
3. Did you go out?
4. Did you get in trouble?
5. Did he come?
6. Did she find out?
7. Did they break up?
8. Did it work?

Type 2 疑問詞から始まり、語尾が下がって、Yes/No では答えられないタイプ

9. What did you do?
10. Where did you go?
11. Where did you buy that?
12. What time did you finish work?
13. How did she find out?
14. What did he say?
15. When did they break up?
16. How did it happen?

過去のこと(1秒前でも過去のこと)

1. 楽しかった?
2. 君も行ったの?
3. 遊びに行ったの?
4. 怒られたの?
5. 彼も来たの?
6. 彼女にバレた?
7. その2人は別れたの?
8. 効果はあったの?

9. 君は何をしたの?
10. どこに行ったの?
11. それ、どこで買ったの?
12. 仕事は何時に終わったの?
13. どうやって彼女にバレたの?
14. 彼は何と言ってた?
15. その2人はいつ別れたの?
16. どうしてそうなったの?

表現パターン
パターン12 〈Are you gonna...? / Is he gonna...?〉

Type 1 疑問詞がなく、語尾が上がって、Yes/No で答えるタイプ

1. Are you gonna go?
2. Are you gonna fill the quota?
3. Are you gonna go out tonight?
4. Are you gonna be busy next week?
5. Is he gonna drive?
6. Is she gonna come?
7. Are we gonna go shopping tomorrow?
8. Is it gonna rain tomorrow?

Type 2 疑問詞から始まり、語尾が下がって、Yes/No では答えられないタイプ

9. Where are you gonna go?
10. What are you gonna say?
11. Who are you gonna go out with?
12. What are you gonna talk about?
13. Where is he gonna stay?
14. What is she gonna make?
15. When is it gonna finish?
16. Where are we gonna play golf?

未来のこと（今からすることも未来のこと）

1 君も行くの？
2 ノルマは達成できそう？
3 今日の夜、遊びに行くの？
4 来週は忙しそう？
5 彼が運転するの？
6 彼女も来るの？
7 （私たちは）明日は買い物に行くの？
8 明日は雨が降るの？

9 どこ行くの？
10 何と言おうと思っているの？
11 だれと遊びに行くの？
12 どんな話をするの？
13 彼はどこに泊まるの？
14 彼女は何を作るの？
15 それはいつ終わるの？
16 （私たちは）どこでゴルフをやるの？

COLUMN

ミックス&マッチ例文

　パーツを自由に組み合わせて疑問文を作る練習です。毎日2〜3分の練習で、ネイティブ感覚で、考えずに質問する技術が身につきます。苦労せずに会話に参加できる人になりましょう!

> **Type 1: 疑問詞がなく、語尾が上がって、Yes/Noで答える質問**

　A欄とB欄の語句を自由に組み合わせて、文を作ります。

A

普段のこと／習慣
- Do you
- Does he

今していること／一時的なこと
- Are you ...ing
- Is she ...ing

過去のこと
- Did you
- Did he

未来のこと
- Are you gonna
- Is she gonna

B

go?
come?
drink?
drive?
study?
buy anything?
have fun?
have lunch?
go out?
tell him?
call her?
meet Dave?
go to the gym?
go to work?

Type 2: 疑問詞から始まり、語尾が下がって、Yes/Noでは答えられない質問

それぞれの疑問詞と動詞（句）の間に、do you や does he などを入れて、文を作ります。

What	**普段のこと／習慣**	do?
What	do you	eat?
Where	does he	live?
Where		work?
Where	**今していること／一時的なこと**	go out?
Where	are you ...ing	have lunch?
What time	is she ...ing	get up?
What time		finish work?
What time	**過去のこと**	go to bed?
How	did you	study English?
Who	did he	go with?
Who		talk to
Who	**未来のこと**	meet?
How often	are you gonna	eat out?
How often	is she gonna	do yoga?

〈例〉 What do you do?
　　　What does he do?
　　　What are you doing?
　　　What is she doing?
　　　What did you do?
　　　What are you gonna do?
　　　What is she gonna do?

❸ 反射的に答える

聞かれた質問で答え方が決まる

英語で会話をするときに、ほとんどの人が、「言われた英語を日本語に訳して」→「自分の言いたいことを日本語で考えて」→「いろんな文法項目を意識しながら、英語の文を最初から組み立てる」と非常に面倒くさい考え方をして、長い時間をかけて、日本語英語を話しています。

もし、英語で言われたことを受けて、反射的に英語で返せたらいいですよね。
1. 訳さずにすむ
2. 自分で文を作らずにすむ
3. 英語で質問されて、反射的に英語で返す

そんなことができるようになるテクニックがあるのです。

実は、聞かれた質問で答え方がほとんど決まってしまいます。たとえば、

A: Who are you gonna go with?
B: I'm gonna go with my friend.

というやり取りでは、質問の are you gonna go with で、I'm gonna go with までの答え方が決まります。つまり、**自分で考えなきゃいけないのは my friend の部分のみ。**

そういう頭になるドリルをぼくの教室でやっています。初心者、上級者関係なく、このドリルをやれば、驚くほど速く「反射的に英語を英語で返す」頭になります。そのドリルをこの本に導入しましたので、CDと一緒にぜひやってみてください。

　このドリルを1日3分でもやれば、ほぼ自動的に、反射的に答えられるようになるので、会話についていくのも楽勝です。いちいち訳したり、文を最初から作ったりする必要はないので、時間がかかりません。自分で作るわけではないので、間違えようもほとんどないのです。

　同様に、

How long are you gonna go for?

と言われたら、I'm gonna go for まで決まっているので、

I'm gonna go for five days.

と five days を自分で付け加えるだけ。

What are you gonna talk about?

と言われたら、I'm gonna talk about まで決まっているので、

I'm gonna talk about my trip to Hawaii.

と my trip to Hawaii をつけるだけです。

多くの場合、前置詞も自分で考える必要はない

答えるときに、どの前置詞（at / in / with / about など）を使うかを自分で考えなくても、**たいていの場合は使うべき前置詞が聞かれている質問に含まれている**ので、そのまま反射的に同じもので返せばいいのです。

たとえば、

A: ...are you gonna go with?
B: I'm gonna go with...

A: ...are you talk about?
B: I'm gonna talk about...

A: ...are you gonna go for?
B: I'm gonna go for...

などとなります。

where には注意しましょう！

where には前置詞を付けません。

たとえば、Where do you live in? ではなく、

Where do you live?

Where are you gonna go to? ではなく、

Where are you gonna go?

と言います。

where 以外の場合は前置詞を付けます。たとえば、

What city do you live in?
What floor do you live on?
What countries are you gonna go to?

と、それぞれ前置詞 in、on、to を付けなければなりません。

> **whereの質問には前置詞はありませんが、 答えるときは付けないといけません**

Where...? と聞かれた場合、答えるときには前置詞が必要です。たとえば、

A: Where do you live?
B: I live in Tokyo.

と in が、

A: Where are you gonna go?
B: I'm gonna go to LA.

と to が必要です。

> **whereの質問に対する答えではどの前置詞を使う?**

どんな前置詞を使うかを覚えておきましょう。
1. A→Bと移動する場合はto
2. 移動せず、「…にいる」「…で買った」などと言う場合は
    at / on / in
    a. 1か所(店や会社の名前など)ならat
    b. …通り、…階ならon
    c. 地名ならin

たとえば、次のようになります。

I'm gonna go to LA.
今度、LA に行きます。

I'm gonna move to Osaka.
今度、大阪に引っ越します。

I live at home.
実家に住んでいます。

I live on Meiji Dori.
明治通り沿いに住んでいます。

I live on the 6th floor.
6階に住んでいます。

I live in Tokyo.
東京に住んでいます。

> **whenとwhat timeにも注意しましょう**

When...? や What time...? の質問にも、前置詞は付けませんが、答えるときは次のように前置詞を付ける必要があります。

A: What time are you gonna finish work?
B: I'm gonna finish work at 7.

A: When are you gonna go?
B: I'm gonna go on Monday.

A: When are you gonna move?
B: I'm gonna move in March.

whenやwhat timeの質問に対する答えではどの前置詞を使う?

When...?やWhat time...?と聞かれたときには、どんな前置詞を使うかを覚えておきましょう。

1. 時刻ならat
2. 曜日や日付ならon
3. 月や年ならin

たとえば、次のように使い分けます。

I'm gonna go home at 10.
10時に帰ります。

I'm gonna meet him on Tuesday.
火曜日に彼と会います。

I'm gonna meet him on the 15th.
15日に彼と会います。

I'm gonna graduate in March.
3月に卒業します。

I'm gonna graduate in 2015.
2015年に卒業します。

この解説を見ると複雑そうですが、これもドリルをやっていればすぐに慣れて、感覚的に使い分けられるようになります。

どんな時制にも効く

未来形の are you gonna だけでなく、**ほかの時制についても同様に「反射的に返す」ことができます。**

「普段のこと」「一般的なこと」を表す現在形の場合

...do you live?
に対しては、
I live...

...do you finish work?
に対しては、
I finish work...

と自動的に返す頭をまず作りましょう。

実際の会話では、

A: Where do you live? どこに住んでいるの?
B: I live in Tokyo. 東京に住んでいるよ。

と、I live までは反射的に答えて、in Tokyo を付け加えるだけ、

A: What time do you get up? いつも何時に起きるの?
B: I get up at 7. だいたい7時に起きるよ。

と、I get up までは反射的に答え、at 7 を付け加えるだけです。

「今のこと」「一時的なこと」を表す進行形の場合

...are you eating?
に対しては、
I'm eating...

...are you talking about?
に対しては、
I'm talking about...

と反射的に返す頭になれば、実際の会話では、

A: What are you eating? 何を食べているの?
B: I'm eating sushi. 寿司を食べているよ。

A: What are you talking about? 何の話をしてるの?
B: I'm talking about work. 仕事の話をしているよ。

と、sushi や work だけを考えればいいのです。「今のことだから進行形だ」などと時制や文法の理屈を意識する必要はありません。

過去のことなら、過去形を使います

過去形の場合は、...did you go? と言われて、I went... と動詞の活用がいるので少し難しくなるのですが、「反射的に返す」という意味ではまったく同じです。つまり、「did you で聞かれたら反射的に動詞の過去形で答える」と自動的に判断する頭を作るの

です。これもやはり、解説を読んだからそうなるのではなくて、ドリルをやるとそうなるということです。

たとえば、

...did you buy?
に対しては、
I bought...

...did you finish work?
に対しては、
I finished work...

と反射的に返す頭になれば、実際の会話では、

A: **What did you buy?** 何を買ったの?
B: **I bought shoes.** 靴を買ったよ。

A: **What time did you finish work?**
何時に仕事終わったの?
B: **I finished work at 7.** 7時に終わったよ。

と、shoes や at 7 の部分だけを考えればので、非常に楽に話せるようになります。おいしい話ですね!

動詞の活用も自動的に行う

たとえば、未来形の be going to は be 動詞を使っています。受験勉強などでは、「主語が単数の三人称なら be 動詞の現在形は is だ」のように、be 動詞の活用を理屈として教わります。理屈としては合っていますが、理屈をたくさん考えながら話すのはよくないですね。たくさんの理屈を考えながら話そうとするからこそ、口から言葉が出にくくなります。話せるようになるコツは、話す場面で考える量をどれだけ減らせるかです。理屈的に考えることをやめて、自動的に話せるようになることができるのです。

たとえば、he はいつだって単数ですし、いつだって三人称なので、he に続く be 動詞はいつだって is になります。「he は is だ」って覚えればいいのです。

さらに、is he と質問されたら、he's と自動的に返す頭を作りましょう。

たとえば、

...is he gonna...?
に対しては、
He's gonna...

...is she gonna...?
に対しては、

She's gonna...

...is it gonna...?
に対しては、
It's gonna...

...are we gonna...?
に対しては、
We're gonna...

...are they gonna...?
に対しては、
They're gonna...

と、さらに、

...is he gonna go with?
に対しては、
He's gonna go with...

...is she gonna come?
に対しては、
She's gonna come...

...is it gonna finish?
に対しては、
It's gonna finish...

...are we gonna meet?
に対しては、
We're gonna meet...

...are they gonna stay?
に対しては、
They're gonna stay...

と動詞や前置詞まで反射的に返す頭を作りましょう。

実際の会話では、

A: **When is it gonna finish?** それはいつ終わるの?
B: **It's gonna finish at 8.** 8時に終わります。

A: **Where are they gonna stay?**

　　　　　　　　　　　　　彼らはどこに泊まるの?

B: **They're gonna stay at the Hilton.**

　　　　　　　　　　　Hiltonに泊まる予定です。

のようになります。

進行形も be 動詞を使うので感覚は同じ

進行形も同じ感覚で使うことができます。

...is he drinking with?
に対しては、
He's drinking with...

...is she dating?
に対しては、
She's dating...

...is it happening?
に対しては、
It's happening...

...are we going?
に対しては、
We're going...

...are they eating?
に対しては、
They're eating...

とドリルで反射的に返す頭を鍛えれば、実際の会話では、

A: **Who is he drinking with?**　彼は今だれと飲んでるの？
B: **He's drinking with his boss.**　上司と飲んでいるよ。

A: **Where are we going?**　私たちは今どこに向かっているの？
B: **We're going to the station.**　駅に向かっているよ。

などのように使えます。

現在形の場合

　現在形も厄介で、主語によっては live と lives を使い分けなければなりません。これも理屈としては、「単数の三人称なら動詞に -s/-es を付ける」のですが、話す場面ではそこまで考える余裕はありません。ドリルや練習でその感覚を身につけるのが一番です。ここでも、この「反射的に返す」ドリルが非常に役立ちます。

...do you live?
に対しては、
I live...

...do they like?
に対しては、
They like...

...do we finish?
に対しては、

We finish...

と、do で聞かれると動詞に -s なしで返しますが、

...does he live?
に対しては、
He lives...

...does she like?
に対しては、
She likes...

...does it finish?
に対しては、
It finishes...

と、does で聞かれたら動詞に -s/-es を自動的に付ける頭を作りましょう。実際の会話では、

A: **Where do you live?**　どこに住んでるの？
B: **I live in Tokyo.**　東京に住んでるよ。

A: **Where does he live?**　彼はどこに住んでるの？
B: **He lives in Tokyo.**　　東京に住んでるよ。

のようになります。「三人称だから -s/-es」を意識せずにすむので非常に楽です。

過去形の場合

過去形は go を went に変えるという意味では難しいですが、主語による活用がないので、逆に簡単なところもあります。主語が I でも he でも it でも they でも、went は went です。ドリルで練習しましょう。

いくつかの例外

「go で聞かれれば go で、go with で聞かれれば go with で答えるなど、自動的に返す頭を養いましょう」と説明しましたが、そうではない場合もあります。

たとえば、

What are you gonna do?
何をしますか?

What is he gonna do?
彼は何をしますか?

と聞かれた場合、do で返すとはかぎりません。

I'm gonna go shopping.
買い物に行きます。

He's gonna play golf.
彼はゴルフをします。

のように答えます。別の動詞で返すこともあります。それでも、I'm gonna、He's gonna までは、自分で考えることなく自動的、反射的に返すことができます。動詞だけ別のものを使うので気をつけましょう。

また、

How are you gonna get there?
どうやって行くの?

と聞かれても、get there ではなく、

I'm gonna drive.

I'm gonna get the train.

などで返します。

また、「あなた(単数)」も「あなたたち(複数)」も英語では同じ

youを使います。

Where are you gonna go?
（あなたたちは）どこに行くの？

とyouで聞かれても、

We're gonna go to LA.
（私たちは）LAに行くの。

とweで返すことも多いです。

　ということで、このテクニックは100％ではないにしても、ほとんどの会話に応用できます。聞かれた質問を日本語に訳して理解し、自分の答えを一から作り始める。そんな日々におさらばしましょう。反射的に、自動的に英語を英語で返せる自分になりましょう！

「ごまかし」と「真の能力」の違い

実際の会話では、

A: **Where do you live?**　どこに住んでるの？
B: **Tokyo.**　東京だよ。

A: **What time do you get up?**　何時に起きるの？
B: **Seven.**　7時だよ。

のように、一言で答えることも多いのですが、全文が言えて一言で返す人と、全文は言えなくて一言しか言えない人の違いは本当に大きいです。一言でとりあえずごまかすだけではなくて、全文も言える人になりましょう。

　しかも、このドリルをすることによって、英語のストラクチャーを感覚的にわかるようになるので、聞かれた質問に対して反射的に答えるだけではなく、自分から話すときも、頭の中で文の半分以上はもう決まっているため、ほぼ考えずに話せるようになります。ぼくの教室に来てくれたまったくの初心者の方も、このドリルによって英語の脳が鍛えられ、驚くほどのスピードで反射的に英語を英語で返せるようになっています。魔法のようです。みなさんもこのドリルをやってそうなりましょう！

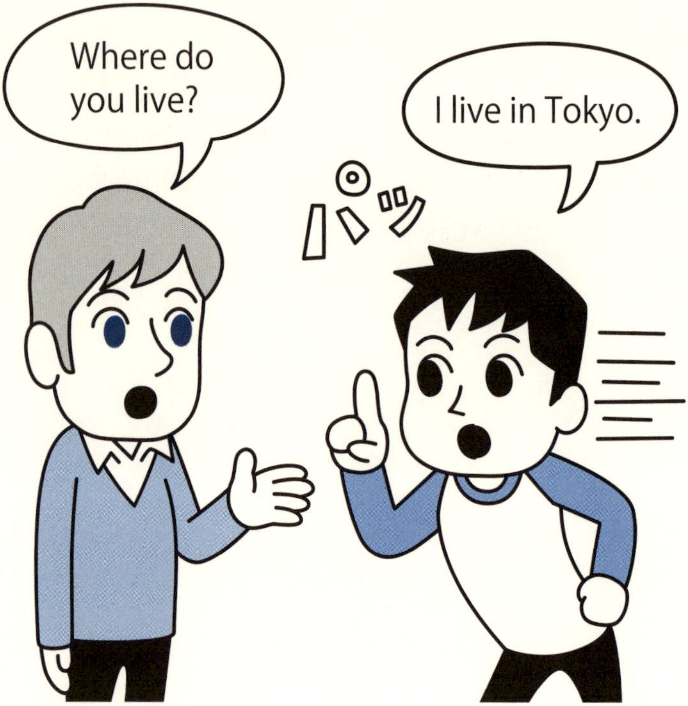
Where do you live?
I live in Tokyo.
パッ

ドリル
CDでドリルをやってみよう！
Let's try the drill!

　このドリルは、聞いた文を繰り返すためのものではありません。指示された通りに返しましょう。

　このドリルで練習するのは、Where did you go? のように疑問詞から始まり、語尾が下がって、Yes/No では答えられない質問です。質問の一部を使ったドリルでは、疑問詞がなくても、語尾を下げます。

　左ページの英文（または英文の一部）を CD で聞き、その直後に右ページのように応答する練習です。たとえば、

CD:　　　...do you live?
みなさん：I live...

といった形です。できるだけテキストは見ず、また、うまく言えるまで繰り返し練習しましょう。なお、トラック 13 〜 15、19 〜 21、25 〜 27、31 〜 33 には答えも録音されています。ここでドリルの方法を理解し、答えの入っていないトラック 16 〜 18、22 〜 24、28 〜 30、34 〜 36 を使ってドリルを行ってください。

　それでは、この魔法のようなドリルで英語脳を開花させちゃいましょう!!

現在形 普段のこと
ステップ1 CDに録音された疑問文の一部を聞いて、「主語＋動詞1語」で反射的に返してみよう。

do の場合

1 …do you live?
2 …do you work?
3 …do you like?
4 …do you go?
5 …do you get?
6 …do you finish?
7 …do you have?
8 …do you watch?

does の場合

9 …does he live?
10 …does she work?
11 …does he like?
12 …does it finish?
13 …does he get?
14 …does she go?
15 …does he have?
16 …does it start?

_____ I live...

_____ I work...

_____ I like...

_____ I go...

_____ I get...

_____ I finish...

_____ I have...

_____ I watch...

_____ He lives...

_____ She works...

_____ He likes...

_____ It finishes...

_____ He gets...

_____ She goes...

_____ He has...

_____ It starts...

現在形 普段のこと

ステップ2
CDに録音された疑問文の一部を聞いて、「主語＋動詞句（2語以上）」で反射的に返してみよう。

do の場合

1. …do you get up? _____
2. …do you go out? _____
3. …do you finish work? _____
4. …do you have lunch? _____
5. …do you go out with? _____
6. …do you go to the gym? _____
7. …do you play golf? _____
8. …do you play golf with? _____

does の場合

9. …does he get up? _____
10. …does she go home? _____
11. …does he finish work? _____
12. …does she play tennis? _____
13. …does he go out? _____
14. …does she live with? _____
15. …does it taste like? _____
16. …does she have lunch? _____

_____I get up...

_____I go out...

_____I finish work...

_____I have lunch...

_____I go out with...

_____I go to the gym...

_____I play golf...

_____I play golf with...

_____He gets up...

_____She goes home...

_____He finishes work...

_____She plays tennis...

_____He goes out...

_____She lives with...

_____It tastes like...

_____She has lunch...

現在形 ステップ3 — 普段のこと

実戦! CDに録音されている疑問文（完全な文）に対し、完全な文で反射的に返してみよう。答えのカッコ内には自分に当てはまる語句を入れてください。

do の場合

1. Where do you live? _____
2. Where do you work? _____
3. What food do you like? _____
4. What music do you like? _____
5. What time do you get up? _____
6. What time do you finish work? _____
7. Where do you go out? _____
8. Who do you play golf with? _____

does の場合

9. Where does he live? _____
10. Where does she work? _____
11. What time does it start? _____
12. What food does she like? _____
13. Where does he play golf? _____
14. Who does she live with? _____
15. What time does he finish work? _____
16. Where does she go shopping? _____

_____ I live (in Meguro).

_____ I work (in Shimbashi).

_____ I like (Italian).

_____ I like (classical).

_____ I get up (at 7).

_____ I finish work (at 8).

_____ I go out (in Shinjuku).

_____ I play golf with (my coworkers).

_____ He lives (in Saitama).

_____ She works (in Shinjuku).

_____ It starts (at 8).

_____ She likes (sushi).

_____ He plays golf (in Chiba).

_____ She lives with (her mother).

_____ He finishes work (at 8).

_____ She goes shopping (in Ginza).

進行形 今していること、一時的なこと

ステップ1 CDに録音された疑問文の一部を聞いて、「主語＋動詞部分」で反射的に返してみよう。

1 …are you eating? _____
2 …are you drinking? _____
3 …are you watching? _____
4 …are you talking? _____
5 …are you having? _____
6 …are you studying? _____
7 …are you playing? _____
8 …are we going? _____
9 …are they having? _____
10 …are they staying? _____
11 …is he making? _____
12 …is he working? _____
13 …is she wearing? _____
14 …is she cooking? _____
15 …are you staying? _____
16 …are you playing? _____

____I'm eating...

____I'm drinking...

____I'm watching...

____I'm talking...

____I'm having...

____I'm studying...

____I'm playing...

____We're going...

____They're having...

____They're staying...

____He's making...

____He's working...

____She's wearing...

____She's cooking...

____We're staying...

____We're playing...

進行形 — 今していること、一時的なこと

ステップ2 CDに録音された疑問文の一部を聞いて、「主語＋動詞句」で反射的に返してみよう。

1. ...are you listening to? _____
2. ...are you having lunch? _____
3. ...are you having lunch with? _____
4. ...are you talking to? _____
5. ...are you playing tennis? _____
6. ...are you looking for? _____
7. ...are you drinking with? _____
8. ...are they going out? _____
9. ...are they playing golf? _____
10. ...are they having dinner? _____
11. ...is he talking about? _____
12. ...is he drinking with? _____
13. ...is she doing yoga? _____
14. ...is she having dinner with? _____
15. ...are you playing golf? _____
16. ...are you studying English? _____

____I'm listening to...

____I'm having lunch...

____I'm having lunch with...

____I'm talking to...

____I'm playing tennis...

____I'm looking for...

____I'm drinking with...

____They're going out...

____They're playing golf...

____They're having dinner...

____He's talking about...

____He's drinking with...

____She's doing yoga...

____She's having dinner with...

____We're playing golf...

____We're studying English...

進行形 — 今していること、一時的なこと

ステップ3 実戦! CDに録音されている疑問文（完全な文）に対し、完全な文で反射的に返してみよう。答えのカッコ内には自分に当てはまる語句を入れてください。

1. What are you eating? _____
2. What are you drinking? _____
3. What are you watching? _____
4. What are you studying? _____
5. Where are you having dinner? _____
6. Where are you playing tennis? _____
7. Who are you having lunch with? _____
8. What are you looking for? _____
9. Who are you talking to? _____
10. What are you listening to? _____
11. Where are they staying? _____
12. Where is she studying? _____
13. What is he wearing? _____
14. What is he eating? _____
15. What are you talking about? _____
16. Where are you going? _____

I'm eating (pasta).

I'm drinking (beer).

I'm watching (a movie).

I'm studying (English).

I'm having dinner (in Shibuya).

I'm playing tennis (in Meguro).

I'm having lunch with (Dave).

I'm looking for (a jacket).

I'm talking to (my boyfriend).

I'm listening to (Miles Davis).

They're staying (at the Hilton).

She's studying (at the library).

He's wearing (a suit).

He's eating (Chinese).

We're talking about (work).

We're going (to LA).

過去形 過去のこと（1秒前でも過去）
ステップ1 CDに録音された疑問文の一部を聞いて、「主語＋動詞1語」で反射的に返してみよう。

1 ...did you go?

2 ...did you get?

3 ...did you finish?

4 ...did you eat?

5 ...did you buy?

6 ...did you see?

7 ...did you make?

8 ...did you stay?

9 ...did you have?

10 ...did he come?

11 ...did he live?

12 ...did she say?

13 ...did they go?

14 ...did they leave?

15 ...did you talk?

16 ...did you play?

_____ I went...

_____ I got...

_____ I finished...

_____ I ate...

_____ I bought...

_____ I saw...

_____ I made...

_____ I stayed...

_____ I had...

_____ He came...

_____ He lived...

_____ She said...

_____ They went...

_____ They left...

_____ We talked...

_____ We played...

過去形　過去のこと（1秒前でも過去）
ステップ2
CDに録音された疑問文の一部を聞いて、「主語＋動詞句」で反射的に返してみよう。

1 ...did you go with? _____

2 ...did you get up? _____

3 ...did you go to bed? _____

4 ...did you finish work? _____

5 ...did you have lunch? _____

6 ...did you have lunch with? _____

7 ...did you go drinking? _____

8 ...did you play golf? _____

9 ...did they go out? _____

10 ...did they get married? _____

11 ...did he have dinner with? _____

12 ...did he come home? _____

13 ...did she get back? _____

14 ...did you talk about? _____

15 ...did you go shopping? _____

_____I went with...
_____I got up...
_____I went to bed...
_____I finished work...
_____I had lunch...
_____I had lunch with...
_____I went drinking...
_____I played golf...
_____They went out...
_____They got married...
_____He had dinner with...
_____He came home...
_____She got back...
_____We talked about...
_____We went shopping...

過去形 過去のこと（1秒前でも過去）
ステップ3 実戦! CDに録音されている疑問文（完全な文）に対し、完全な文で反射的に返してみよう。答えのカッコ内には自分に当てはまる語句を入れてください。

1. Where did you go? _____
2. Who did you go with? _____
3. What did you eat? _____
4. What did you buy? _____
5. When did you get back? _____
6. What movie did you see? _____
7. What time did you go home? _____
8. What time did you finish work? _____
9. Where did they go? _____
10. When did they get married? _____
11. How much weight did he lose? _____
12. What time did he come home? _____
13. When did she quit? _____
14. Who did she go with? _____
15. How long did you stay? _____
16. Where did you meet? _____

_____I went (to New York).

_____I went with (a friend).

_____I ate (a steak).

_____I bought (a bag).

_____I got back (last week).

_____I saw (Skyfall).

_____I went home (at 10).

_____I finished work (at 8).

_____They went (to Paris).

_____They got married (in June).

_____He lost (five kilos).

_____He came home (at 11).

_____She quit (last month).

_____She went with (her mother).

_____We stayed (five nights).

_____We met (at a party).

未来形 未来のこと（今からすることも未来）
ステップ1 CDに録音された疑問文の一部を聞いて、「主語＋動詞部分」で反射的に返してみよう。

1. ...are you gonna go?
2. ...are you gonna get?
3. ...are you gonna buy?
4. ...are you gonna eat?
5. ...are you gonna play?
6. ...are you gonna see?
7. ...are you gonna finish?
8. ...are you gonna make?
9. ...are they gonna have?
10. ...is it gonna start?
11. ...is he gonna come?
12. ...is he gonna move?
13. ...is she gonna go?
14. ...is she gonna work?
15. ...are you gonna stay?
16. ...are you gonna meet?

_____I'm gonna go...

_____I'm gonna get...

_____I'm gonna buy...

_____I'm gonna eat...

_____I'm gonna play...

_____I'm gonna see...

_____I'm gonna finish...

_____I'm gonna make...

_____They're gonna have...

_____It's gonna start...

_____He's gonna come...

_____He's gonna move...

_____She's gonna go...

_____She's gonna work...

_____We're gonna stay...

_____We're gonna meet...

未来形 未来のこと（今からすることも未来）

ステップ2 CDに録音された疑問文の一部を聞いて、「主語＋動詞句」で反射的に返してみよう。

1. ...are you gonna go with? _____
2. ...are you gonna get up? _____
3. ...are you gonna go home? _____
4. ...are you gonna have lunch? _____
5. ...are you gonna finish work? _____
6. ...are you gonna go drinking with? _____
7. ...are you gonna go shopping? _____
8. ...are you gonna give her? _____
9. ...are they gonna go skiing? _____
10. ...are they gonna eat out? _____
11. ...is he gonna play golf? _____
12. ...is he gonna get back? _____
13. ...is she gonna make dinner? _____
14. ...are you gonna go traveling? _____
15. ...are you gonna get back? _____

_____I'm gonna go with...

_____I'm gonna get up...

_____I'm gonna go home...

_____I'm gonna have lunch...

_____I'm gonna finish work...

_____I'm gonna go drinking with...

_____I'm gonna go shopping...

_____I'm gonna give her...

_____They're gonna go skiing...

_____They're gonna eat out...

_____He's gonna play golf...

_____He's gonna get back...

_____She's gonna make dinner...

_____We're gonna go traveling...

_____We're gonna get back...

未来形 ステップ3
未来のこと（今からすることも未来）

実戦! CDに録音されている疑問文（完全な文）に対し、完全な文で反射的に返してみよう。答えのカッコ内には自分に当てはまる語句を入れてください。

1. What are you gonna do tomorrow? _____
2. Where are you gonna go? _____
3. Who are you gonna go with? _____
4. What are you gonna buy? _____
5. How long are you gonna stay? _____
6. What time are you gonna get up? _____
7. What are you gonna give her? _____
8. What time are you gonna go to work? _____
9. Where are they gonna go drinking? _____
10. How long is it gonna take? _____
11. What time is he gonna finish work? _____
12. What music is he gonna play? _____
13. What is she gonna make? _____
14. What movie is she gonna watch? _____
15. What time are you gonna meet? _____
16. Where are you gonna go traveling? _____

I'm gonna (go shopping).

I'm gonna go (to Shinjuku).

I'm gonna go with (my girlfriend).

I'm gonna buy (clothes).

I'm gonna stay (five nights).

I'm gonna get up (at 7).

I'm gonna give her (a necklace).

I'm gonna go to work (at 8).

They're gonna go drinking (in Shimbashi).

It's gonna take (20 minutes).

He's gonna finish work (at 8).

He's gonna play (jazz).

She's gonna make (pasta).

She's gonna watch (Les Miserables).

We're gonna meet (at 9).

We're gonna go traveling (in Europe).

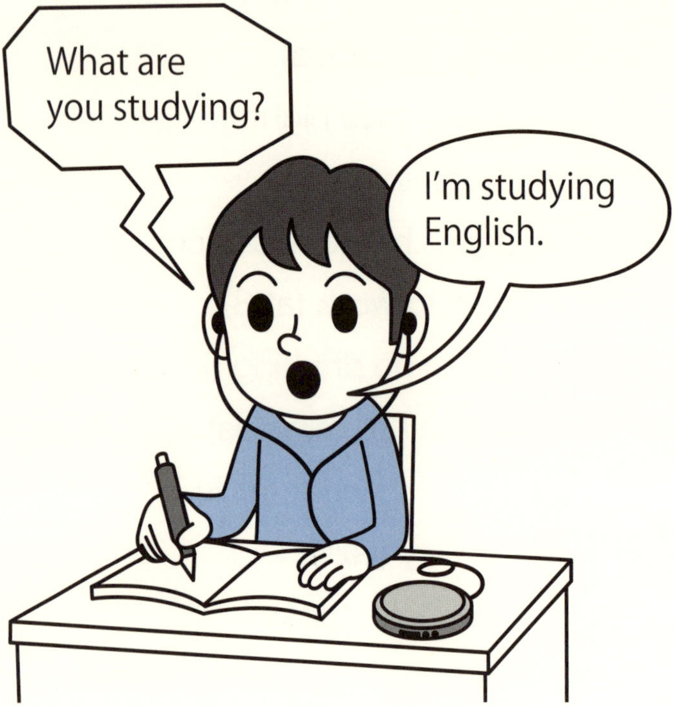
What are
you studying?
I'm studying
English.

CHAPTER 2
会話力テクニック

Chapter 2
会話力テクニック

会話を盛り上げる

　たとえ「英語」をマスターしても、「会話力」がないと、コミュニケーションをとるのは難しくなります。

　人の話を聞いて理解できても Oh, I see. や Yes. などと言うだけで終わらせたり、別の話題を話し始めたりしては、「あなたの話には興味がない」と言っているような印象を与えてしまいます。

　実際の会話では、体験談や最近の出来事、自分の「引き出し」の内容を話したりするのが大半です。そして、人に話を振ったり、質問したり、感想を言ったりすることが「会話力」につながります。また、人の話のあとに、関連話につなげたりすることで、会話が盛り上がります！

　このチャプターではそういったコツを身につけましょう。

❶ エピソードなどを語る

会話の大半は、過去の体験談やエピソードを語ること

A: Where did you go?
B: I went to LA.

のような「会話」ももちろん非常に大事なのですが、**会話でもう1つ非常に大事なのは、過去の体験談やエピソードを「語る」ことです。**自分が友だちと日本語で会話するときのことを考えてもそうですよね。「ちょっと聞いてよ、この間こんなことがあったよ」や「学生時代にこんなことがあったよ」など、会話の大半はこういった話で成り立っています。

ここでそうしたエピソードを語るコツをつかみましょう。

エピソードを語る流れは次の3ステップです。
1. 出だし
2. 状況説明
3. 出来事

出だし

1. something+形容詞

体験談の出だしには、

Something scary happened.
怖いことがあった。

Something lucky happened.
ラッキーなことがあった。

のように、「Something ＋形容詞 happened.（…なことがあった）」という文が使われることが非常に多いです。また、自分から行った自発的な行動なら、

I did something stupid.
バカなことをしちゃった。

I said something embarrassing.
恥ずかしいことを言っちゃった。

と、「I did something ＋形容詞.（…なことをした）」を使います。

それがいつどこであったかを言うには、

Something funny happened the other day.
この間おもしろいことがあった。

Something scary happened in high school.
高校生のときに怖いことがあった。

I said something embarrassing yesterday.
昨日、恥ずかしいことを言っちゃった。

Something annoying happened at work.
会社でうっとうしいことがあった。

のように、

yesterday	昨日
the other day	この間
in high school	高校時代に
at work	会社で

などを付け加えます。この言い方もすべて決まっているので、塊として覚えるのがコツです。when I was a high school student よりは in high school のほうがずっと簡単で自然です。また、会社にかぎらず、どんな職場についても at work と言います。

2. Guess + WH名詞節

特に最近の出来事については、

Guess where I went yesterday?
昨日、どこに行ったと思う?

Guess what I bought today?
今日、何を買ったと思う?

Guess who I'm gonna meet tomorrow?
明日、だれに会うと思う?

Guess what happened?
何があったと思う?

と、「Guess ＋WH名詞節」の形もよく使います。Guess... は直訳すると「…を当ててみて」ですが、Guess who I saw today? で「今日、私がだれに会ったと思う?」のような感覚です。文法的には命令文ですが、「…だと思う?」と質問している感覚なので「?」を付けることが非常に多いです。逆に言えば、「?」を付けて書かれていることが、「…だと思う?」と聞いている感を裏付けます。ただし、語尾は下がります。

また、このように聞かれた人たちは実際に当てようとするのではなく、次のように疑問詞で聞き返します。

A: Guess where...?
B: Where?

A: Guess what...?
B: What?

A: Guess who...?
B: Who?

出来事と状況説明

「出来事」自体は過去形で表しますが、多くの場合、その前には状況が説明されます。英語で状況や状態を表すのはbe動詞です。be＋...ingの進行形もその1つ。ですから、**「出来事」が「過去形」で、「状況説明」が「過去進行形」**という形がよく使われます。「…しているときに…があった」という感覚です。

↓出来事
 → 状況説明

たとえば、

I was watching TV and Dave called.
テレビを観ていたらDaveから電話があった。

I was walking down the street and a guy came up to me.
道を歩いていたら、男の人が話しかけてきた。

We were talking about the project and Mike said something interesting.
ぼくたちがプロジェクトについて話をしていたら、Mike がおもしろいことを言った。

I was shopping in Paris and I ran into a friend from high school.
パリで買い物をしていたら、高校時代の友人にばったり会った。

のようになります。

過去進行形でなくても、状況説明は次のようにやはり be 動詞で表します。

I was at Starbucks...
スターバックスにいたら…

I was in Sydney...
シドニーにいたら…

I was on the train...
電車に乗っていたら…

I was on the way to work...
会社に向かっていたら…

過去の言い回しを増やそう！

より詳しい話をするために、過去のことを言う決まった言い回しをたくさん覚えておきましょう。コツはやはり、**塊で覚えて、動詞を置き換える**ことです。

したかった、したくなかった

I wanted to...
…したかった。

wanted to は、wanna（= want to）のように1語で書かれることはありませんが、「ワネットゥ」とつなげて発音します。自分で話すときは「ウォンテッド・トゥー」と発音してもいいのですが、ネイティブの英語を聞き取るためにはこの発音に慣れたほうがいいです。

I didn't wanna...
…したくなかった。

この didn't wanna... も、ネイティブなら didn't の t はほとんど発音せず、「ディデンワナ」と言います。

I wanted to talk to him.
彼と話したかった。

I didn't wanna get in trouble.
怒られたくなかった。

しなきゃいけなかった、しなくてもよかった

have to の過去形も塊で覚えておきましょう。

I had to...
…しなきゃいけなかった。

I didn't have to...
…しなくてもよかった／…する必要はなかった。

たとえば、次のように使えます。

I had to get up early the next day.
翌日は早起きしなきゃいけなかった。

I didn't have to go to work.
会社に行かなくてもよかった。

するつもりだった、するつもりじゃなかった

I was gonna...
…するつもりだった。

これは「…するつもりだった（けどしなかった）」という意味です。だいたい、but... の文が続きます。

「…するつもりじゃなかった」と言う場合は、次の2つの言い方を使い分けます。

I wasn't gonna...
…するつもりじゃなかった（けど気が変わってすることにした）

I didn't mean to...
…するつもりじゃなかった（けど間違えてしちゃった）

たとえば、

I was gonna go to the beach but it rained.
海に行くつもりだったが雨が降った。

I didn't mean to hurt you.
君を傷つけるつもりじゃなかった。

のようになります。

使い分けに注意！！

I wasn't gonna... は「意識的にやったこと」で、I didn't mean to... は「間違えてしてしまったこと」。後者は「わざとしたんじゃない」とも訳せます。この使い分けを間違えると大変です。たとえば、I didn't mean to hurt you. を I wasn't gonna hurt you. と言ってしまうと「君を傷つけるつもりじゃなかったけど、気が変わって傷つけることにした」と「わざとした」ことになります。嫌な奴！

予想していたこと

過去に予想していたことを言うときには、
I thought＋主語＋would...
を使います。

文法的に考えると、「予想した当時は未来のこと(will)だったが、動詞が過去形thoughtなので続く文も過去形(would)にしなければいけない」など、難しい説明になってしまいます。その理屈は間違っていませんが、そんなことを考えながら話すことは非常に難しい。そんなことは意識せず、**予想していたことには「I thought＋主語＋would...」を使う**とだけ覚えればいいのです。理屈を考えれば考えるほど、言葉が口から出てこなくなります。

wouldは難しそうですが、続く動詞はいつでも原形なので、実は簡単です。wouldの代わりに、be going to (be gonna) の過去形was going to (was gonna) もよく使われます。どちらを使っても大丈夫ですが、be動詞の活用を気にする必要がないwouldのほうが簡単です。

I thought he would come./ I thought he was gonna come.
彼が来ると思っていた。

I thought it would rain./ I thought it was gonna rain.
雨が降ると思っていた。

否定文の場合は、「I thought ＋否定文」の形はめったに使われず、I thought を否定します。日本語では、「来ないと思っていた」「来ると思ってなかった」のどちらもよく使われますが、英語の場合は「来ると思ってなかった」という言い方になります。

つまり、I thought he wouldn't come. などではなく、

I didn't think he would come.
彼が来ないと思っていた。

I didn't think it would rain.
雨が降らないと思っていた。

のようになります。

表現パターン
パターン13　出だし〈something＋形容詞（主語）〉

1. **Something strange** happened.
2. **Something embarrassing** happened.
3. **Something lucky** happened the other day.
4. **Something annoying** happened at work.
5. **Something scary** happened in high school.
6. **Something funny** happened the other day.

表現パターン
パターン14　出だし〈something＋形容詞（目的語）〉

1. I did **something stupid**.
2. I did **something new**.
3. I did **something dangerous** in university.
4. I said **something embarrassing** at work.
5. Dave said **something interesting** the other day.

表現パターン
パターン15　出だし〈Guess＋WH名詞節〉

1. **Guess** where I went today?
2. **Guess** what I bought today?
3. **Guess** who I saw yesterday?
4. **Guess** who called me the other day?
5. **Guess** what happened?
6. **Guess** what I'm gonna do tomorrow?
7. **Guess** who I'm gonna have lunch with next week?
8. **Guess** who's gonna come to Tokyo next week?

「…なことがあった」

1. 変なことがあった。
2. 恥ずかしいことがあった。
3. この間、ラッキーなことがあった。
4. 会社でうっとうしいことがあった。
5. 高校時代に怖いことがあった。
6. この前、おもしろいことがあった。

「…なことをした／言った」

1. バカなことをしちゃった。
2. 新しいことをやってみた。
3. 大学時代に危ないことをしちゃった。
4. 会社で恥ずかしいことを言っちゃった。
5. この間、Daveがおもしろいことを言っていた。

「…だと思う?」

1. 今日、どこに行ったと思う?
2. 今日、何を買ったと思う?
3. 昨日、だれに会ったと思う?
4. この前、だれから電話があったと思う?
5. 何があったと思う?
6. 明日、何すると思う?
7. 来週、だれとランチすると思う?
8. 来週、だれが東京に来ると思う?

表現パターン
パターン16　状況と出来事

1. I was walking down the street and a guy came up to me.

2. My boss was looking for people to do overtime and I said yes.

3. I was driving down the street and this guy hit me.

4. I was thinking of my girlfriend and she called me.

5. We were talking about the project and Mike said something interesting.

6. I was reading a book on the train and I missed my stop.

7. I was at Starbucks and I ran into Tomoko.

8. I was on the way to work and I realized it was a public holiday.

「…しているときに…があった」

1 道を歩いてたら、男の人が話しかけてきた。

2 上司が残業する人を探してたら、
私がOKしちゃった。

3 車で道路を走ってたら、車にぶつけられた。

4 彼女のことを考えてたら、
彼女から電話がかかってきた。

5 プロジェクトの話をしているときに、
Mikeがおもしろいことを言った。

6 電車で本を読んでたら、乗り過ごしちゃった。

7 Starbucksにいたら、
Tomokoにばったり会っちゃった。

8 会社に向かう途中、祝日だと気づいた。

CD41 表現パターン
パターン17　過去の言い回し〈I wanted to...〉

1. I wanted to say something.
2. I wanted to go drinking.
3. I wanted to be honest.
4. I wanted to ask her out.
5. I wanted to buy shoes.
6. He wanted to go out.
7. She wanted to get married.
8. They wanted to come.

CD42 表現パターン
パターン18　過去の言い回し〈I didn't wanna...〉

1. I didn't wanna go.
2. I didn't wanna talk about it.
3. I didn't wanna be rude.
4. I didn't wanna drink.
5. I didn't wanna make dinner.
6. We didn't wanna be late.
7. He didn't wanna break up.
8. She didn't wanna go.

「…したかった」

1. 何かを言いたかった。
2. 飲みに行きたかった。
3. 正直に話したかった。
4. 彼女をデートに誘いたかった。
5. 靴を買いたかった。
6. 彼は遊びに行きたかった。
7. 彼女は結婚したかった。
8. 彼らは来たがっていた。

「…したくなかった」

1. 行きたくなかった。
2. その話をしたくなかった。
3. 失礼なことを言いたくなかった。
4. お酒を飲みたい気分じゃなかった。
5. 夕飯は作りたくなかった。
6. 遅刻したくなかった。
7. 彼は別れたくなかった。
8. 彼女は行きたくなかった。

表現パターン
パターン19　過去の言い回し〈I had to...〉

1. I had to work.
2. I had to go to the restroom.
3. I had to go home early.
4. I had to meet a friend.
5. I had to have an operation.
6. We had to get a taxi.
7. He had to do overtime.
8. She had to go home.

表現パターン
パターン20　過去の言い回し〈I didn't have to...〉

1. I didn't have to go.
2. I didn't have to work the next day.
3. I didn't have to drive.
4. I didn't have to cook.
5. I didn't have to spend any money.
6. I didn't have to take anything.
7. We didn't have to wait.

iOSアプリ 「英語脳バッテイングセンター」 ￥400

1日5分のトレーニングで英語脳を開花！！

英語で聞かれた質問を1度日本語に訳したり、また答えを1から自分で考えたりせずに「反射的に、英語を英語で返す」技術を身につけることができる画期的なドリル。当書に入っている「考えずに話せるコツ、Part 3」と同じタイプのドリルですが、問いかけがランダムで、毎回違う順番で出てくるので更に効果的です。

本当に、おすすめです！

App Store で 「英語脳」 を検索。

(iPhone, iPad, iPod touch 対応)

1日1フレーズ配信アプリ 「englishLife」

無料

大人気のメルマガが無料アプリになった！！

- 1日1フレーズ無料配信。
- 分かりやすい解説と応用例つき。
- 「シチュエーション検索」、「文法検索」、「キーワード検索」、検索機能が豊富で過去のフレーズも簡単に検索できて、スキマ時間で英語をものにできます。

App Store / Google Play で 「englishlife」を検索。

iOS (iPhone, iPad, iPod Touch) / Android 対応

「…しなきゃいけなかった」

1 仕事しなきゃいけなかった。
2 トイレに行きたかった。
3 早めに帰らなきゃいけなかった。
4 友だちに会う約束があった。
5 手術しなきゃいけなかった。
6 タクシーで行かなきゃいけなかった。
7 彼は残業しなきゃいけなかった。
8 彼女は帰らなきゃいけなかった。

「…しなくてもよかった／…する必要はなかった」

1 私は行かなくてもよかった。
2 次の日は仕事をしなくてもよかった。
3 運転しなくてもよかった。
4 ご飯を作る必要はなかった。
5 お金を使わずにすんだ。
6 何も持っていく必要はなかった。
7 待つ必要はなかった。

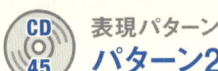

表現パターン
パターン21　過去の言い回し〈I was gonna...〉

1. I was gonna tell you but I forgot.
2. I was gonna go but I was busy.
3. I was gonna go to the beach but it rained.
4. I was gonna go straight home but I went drinking.
5. I was gonna finish work earlier but a client called me.
6. We were gonna go to Hawaii but we had to cancel.
7. We were gonna get married but we broke up.
8. He was gonna come but he had to work.

表現パターン
パターン22　過去の言い回し〈I wasn't gonna.../I didn't mean to...〉

1. I wasn't gonna tell you this but…
2. I wasn't gonna spend so much money.
3. I wasn't gonna marry him at first.
4. I wasn't gonna stay out all night but it was so much fun.
5. I didn't mean to break it.
6. I didn't mean to ignore you.
7. I didn't mean to make him angry.
8. I didn't mean to get so angry.

「…するつもりだった(けど…)」

1 言うつもりだったけど、忘れちゃった。

2 行くつもりだったけど、忙しかった。

3 海に行くつもりだったけど、
雨が降っちゃった。

4 まっすぐ帰るつもりだったけど、
飲みに行っちゃった。

5 仕事がもっと早く終わるはずだったけど、
お客さんから電話があった。

6 ハワイに行くはずだったが、
キャンセルしなきゃいけなかった。

7 結婚するつもりだったけど、別れちゃった。

8 彼も来るはずだったけど、
仕事が入っちゃった。

「…するつもりじゃなかった(けど…)」

1 これは言わないでおこうと思ってたけど…。

2 あんなにお金を使うつもりはなかった。

3 最初は彼と結婚する気はなかった。

4 オールするつもりじゃなかったけど、
あまりにも楽しくて。

5 壊すつもりじゃなかった。

6 君を無視するつもりはなかった。

7 彼をわざと怒らせたんじゃない。

8 そこまで怒るつもりじゃなかった。

表現パターン
パターン23　予想していたこと
〈I thought+主語+would... / I didn't think+主語+would〉

1. I thought he would come.
2. I thought it would finish earlier.
3. I thought it would be OK.
4. I thought I was gonna be late.
5. I thought she would be angry.
6. I thought I would have time.
7. I thought the movie would be better.
8. I thought that would happen.
9. I didn't think she was gonna come.
10. I didn't think he would mind.
11. I didn't think it would rain.
12. I didn't think it would be so expensive.
13. I didn't think there would be so many people.
14. I didn't think anyone would notice.
15. I didn't think they would break up.
16. I didn't think you would say yes.

「…かと思った」

1. 彼が来ると思っていた。
2. もっと早く終わるのかと思っていた。
3. 大丈夫かと思っていた。
4. 遅刻するかと思った。
5. 彼女が怒ると思っていた。
6. 時間があるのかと思ってた。
7. その映画はもっとおもしろいと思ってた。
8. そうなると思っていた。
9. 彼女が来ないと思っていた。
10. 彼は気にしないと思っていた。
11. 雨が降るとは思っていなかった。
12. こんなに高いとは思ってなかった。
13. こんなに人が多いとは思ってなかった。
14. だれにも気づかれないと思っていた。
15. その2人が別れるとは思ってもいなかった。
16. あなたがOKするとは思わなかった。

学んだことを使って体験談を述べる

1. Something scary happened in Barcelona. We were walking around the old part of the city and a scary-looking guy came up to us shouting and asking for money. We didn't wanna pay so we had to run away.

   バルセロナで怖いことがあった。旧市街地を歩いていたら、怖そうな奴が近づいてきて、怒鳴りながらお金をくれと言ってた。払いたくなかったので、逃げなきゃいけなかった。

2. Something embarrassing happened in university. I was in the cafeteria and I saw a girl I knew. I went up behind her and tickled her sides saying "Hi, Sexy!" She turned around and it was a different girl. I thought she would be angry and I was gonna say sorry. But she just laughed.

   大学時代に恥ずかしいことがあったよ。食堂にいて、知っている女の子を見つけたから、後ろから「やあ、かわいこちゃん」と言いながら横腹をくすぐってみたんだ。彼女が振り向いたら違う女の子だった。怒るだろうと思って、謝るつもりだったけど、彼女はただ笑っただけだったよ。

3. I saw something disgusting on the train the other day. A girl was sitting, and a business man was standing in front of

her. They were both asleep and he was drooling. His saliva dropped onto her hand and she woke up. She thought it was her saliva and quickly licked it up.

この間、電車の中で、気持ち悪い光景を見た。女の子が座っていて、その前にサラリーマンが立っていた。2人とも寝てて、サラリーマンはよだれを垂らしてた。そのよだれが女の子の手に落ちて、彼女は目を覚ました。すると、彼女はそれを自分のよだれだと思い、急いでそれをなめ取ったんだよ。

4. Something lucky happened yesterday. I was going to meet a client and the trains stopped. It was an important meeting and I had to get there on time. I didn't wanna be late. I got off the train and got a taxi, but we got stuck in traffic. I tried calling the client but couldn't get through. I got there 20 minutes late, and I thought I would get in trouble. But, luckily, he was on the same train and he got there after me.

昨日ラッキーなことがあった。取引先に向かっていたときに電車が止まっちゃったんだ。大事なミーティングだったし、時間通りに着かなきゃいけなかった。遅刻はしたくなかった。電車を降りてタクシーを拾ったけど、渋滞にはまっちゃった。先方に電話してみたけど、つながらなかった。20分遅刻しちゃって、怒られるだろうと思ったんだけど、幸い、取引先の人も同じ電車に乗っていて、ぼくのあとに着いたんだ。

❷ 話をつなぐ

会話力で大事な3つのこと

英会話教室ではよくあることですが、生徒一人ひとりに話を聞いて、それぞれが一方的に話すだけ。他の生徒とつながっていません。生徒Aの話を聞いて「ああ、そうですか。はい、次の人」のような感じで、本当の会話とはまったく違います。

たとえば、自己紹介を、一人ずつ「My name is... I'm from... I'm 30 years old...」などと順番に一人で話してもらうような教室はよくないです。なぜなら、実際の生活では絶対にないパターンだからです。初めて会ったときは、一人ずつ一方的に話すのではなくて、お互いに聞き合うのです。一方的に自己紹介をするのはマナーが悪いです。

こういった授業で、たとえ英語をマスターしたとしても、「会話力」はまったく身に付きません。外国人と話すときに、「どう返せばいいの？」と不安を感じたことがある人も多いでしょう。

ここで、「会話力」を身につけましょう!

会話力で大切なのは3つです。
1. 質問する
2. 感想を言う
3. 話をつなぐ

Chapter 1で「ほとんど考えずに質問する」テクニックを覚えましたね。Chapter 3では「感想を言う」コツを勉強します。ここでは、**「話をつなぐ」テクニックに焦点を当てたい**と思います。

人の話を受けて、「私にも同じようなことがあった」と言う

日本人同士で、友だちとお茶するときなどの会話をちょっと思い浮かべてみましょう。友だちの話を最後まで黙って聞いて、そのあと、「私はね…」とまったく違う話なんてしませんよね。何か不愉快ですよね。友だちの話を聞いて、**「私にも同じようなことがあったよ」**と自分の過去の体験談につないだり、また、自分の話をしたあとに**「今まであなたにもそういうことはなかった?」**と話を振ったりしますね。

「体験談を語るテクニック」で出だしの「Something +形容詞+ happened.」という言い方がありましたね。その形容詞の代わりに like that を入れて、

Something like that happened to me too!
そのようなことが私にもあった!

と話をつなぐことが多いです。もちろん me ではなくても、

Something like that happened to

my friend.
Something like that happened to my brother.

なども使えば、つながる可能性がまたドンと広がります。

something like that「そのようなこと」なので、まったく同じ体験ではなくてもいいのです。少しでも同じような体験なら大丈夫です。

まったく同じ体験なら、

That happened to me too!

とさらに簡単に言えます。

いずれの場合も、この言い方で話をつないだあとは、「エピソードを話すテクニック」で覚えた流れで話を続けます。

人に話を振る

自分の話をしたあとに、「君にも同じような経験ある?」と振るのなら、

Has anything like that ever

happened to you?

と言います。

　やっぱり相手の体験に興味をもつことが大事なマナーです。また、自分の話をしていて「あ、オチがないな」と気づき、Has anything like that ever happened to you? 「君にも同じような経験ある？」とゴール前のパスのようにつなぐこともできます。

like that の代わりに形容詞を置き換えて、

Has anything scary ever happened to you?
今まで怖かった経験ある？

Has anything embarrassing ever happened to you?
今まで恥ずかしかった経験ある？

などと、自分から話題を振るのもいいですね。

関連話をする

　これは非常に簡単なのに、**会話がドンドンつながって話が盛り上がるテクニック**です。
　日本語でも、たとえば相手が夏の話をしていて、「あ、夏と言え

ば…」と夏関連の話をしますね。この「…と言えば」を英語では、

Speaking of...

と言います。自由に使えて、話をより幅広くつなげる表現です。同じような経験、同じような話の内容ではなくても、同じ要素（たとえば「夏」）が1つあればいいのです。

of のあとには必ず名詞が続きます。名詞の代わりに動詞の ing 形（動名詞）や being ＋形容詞も可能です。動詞に ing さえつければ、形容詞の前に being さえつければ、何でも大丈夫だということです。

Speaking of movies...
映画と言えば…

Speaking of getting married...
結婚すると言えば…

Speaking of being busy...
忙しいと言えば…

そして、動詞の ing 形や being ＋形容詞の前に、not を入れれば、否定のことも言えます。

Speaking of not working...
働かないと言えば…

Speaking of not being busy...
忙しくないと言えば…

　これは話の出だしではなくて、話をつなぐ言い方なので、元々そういう内容の話をしていたときに使います。夏の話をしてないのに、「夏と言えば…」とは言いません。でも、非常に応用範囲が広い表現方法です。たとえば、

Something scary happened in high school. I was on the train on the way to school and I wanted to get off, but it was really crowded. And I got stuck in the doors...（高校時代に怖いことがあったんだ。通学途中に電車に乗っていたときのこと。降りたかったけど、ものすごく混んでいたんだよ。それで、ドアに挟まっちゃって…）

のような話に対しては、

Speaking of something scary...
Speaking of high school...
Speaking of trains...
Speaking of being crowded...
Speaking of getting stuck...

など、話をつなぐ要素がたくさんあります。その話の中の何でもいいのです。

表現パターン
パターン24　話をつなぐ〈...happened to...〉

1 **That** happened to me too!

2 **That** happened to my brother.

3 **Something like that** happened to me.

4 **Something like that** happened to my friend.

話を振る〈Has ... ever happened to you?〉

5 Has **that** ever happened to you?

6 Has **anything like that** ever happened to you?

7 Has **anything scary** ever happened to you?

8 Has **anything embarrassing** ever happened to you?

9 Has **anything lucky** ever happened to you?

10 Have you ever done **anything dangerous**?

11 Have you ever done **anything stupid**?

「同じような経験がある」

1 私にも同じことがあった。

2 うちの弟にも同じことがあった。

3 私にも同じようなことがあった。

4 友だちも同じような目にあった。

「こういう経験ある?」

5 君にも同じ経験ある?

6 君にも同じような経験ある?

7 怖い目にあったことある?

8 恥ずかしい思いをした経験ある?

9 ラッキーだった経験ある?

10 危ないことしたことある?

11 バカなことしたことある?

表現パターン
パターン25　関連話をする〈Speaking of...〉

1 Speaking of summer, …

2 Speaking of Hawaii, …

3 Speaking of work, …

4 Speaking of movies, …

5 Speaking of going traveling, …

6 Speaking of getting in trouble, …

7 Speaking of getting married, …

8 Speaking of breaking up, …

9 Speaking of being busy, …

10 Speaking of being late, …

11 Speaking of not working, …

12 Speaking of not wanting to go, …

13 Speaking of not being busy, …

「…と言えば」

1 夏と言えば…

2 ハワイと言えば…

3 仕事と言えば…

4 映画と言えば…

5 旅行すると言えば…

6 怒られると言えば…

7 結婚すると言えば…

8 別れると言えば…

9 忙しいと言えば…

10 遅刻すると言えば…

11 働かないと言えば…

12 行きたくないと言えば…

13 忙しくないと言えば…

I was shopping in Paris and
I ran into a friend from high school.

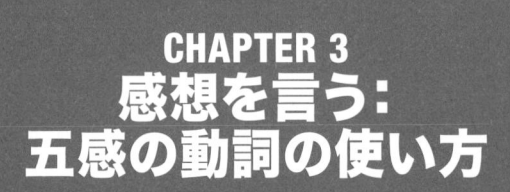

CHAPTER 3
感想を言う:
五感の動詞の使い方

Chapter 3
感想を言う：五感の動詞の使い方

五感を表す5つの動詞

　目の前で起きていること、物事の様子、人の話などに対して、自分の感想を言うことも大事です。英会話のすごく大きな一部ですね。そのときに使うのが、下記の「五感の動詞」。その使い分けと使い方を覚えて、会話力をぐんと上げましょう。

look	見える
sound	聞こえる
smell	匂いがする
taste	味がする
feel	感触がする／気分がする

　注意：「見る」という意味の look や「匂いを嗅ぐ」という意味の smell もありますが、ここで取り上げるのは、「見える」という意味の look や「匂いがする」という意味の smell です。

❶ 五感の動詞に語句を続ける

どの感覚を通して、そう感じたかによって使い分ける

この5つの動詞は、どの感覚を通して自分がそう思ったかによって使い分けます。たとえば、見てそう思った場合は look、話を聞いてそう思った場合は sound を使います。

You look tired.
（その人を見てそう思った場合に）疲れてそうだね。

You sound tired.
（声を聞いてそう思った場合に）疲れてそうだね。

日本語ではよく「顔が疲れているよ」と言いますね。それを直訳して Your face is tired. なんて英語では言いません。その場合は、顔を「見て」そう思ったので、

You look tired.

となります。

また、日本語では、「声が疲れているね」とよく言いますが、英語では Your voice is tired. とは言いません。声を「聞いて」そう思ったので、

You sound tired.

となります。

動詞として使う

It is good taste. や It is bad smell. などはよく聞く間違い英語です。この間違った英語では taste、smell を名詞として使っているのですが、**本当は動詞として使う**のです。正解は、

It tastes good.
おいしい。

It smells bad.
臭い。

です。

「今のこと」でも現在形で使う

一般的な動詞は「今のこと」なら進行形、「普段のこと」なら現在形と使い分けますが、この5つの**「五感の動詞」を進行形にすることはほとんどありません。**「今のこと」も「普段のこと」も現在形で言います。

たとえば、一般的に「それはおいしい」と言うときも、今食べていて「おいしい!」と言うときも、

It tastes good.

となります。

否定文も疑問文もやはり現在形

肯定文だけでなく、否定文も疑問文もやはり現在形になります。

You don't look 30.
あなたは30歳には見えない。

How old do I look?
私、何歳に見える?

He doesn't look busy.
彼は忙しくなさそう。

Does it taste OK?
味は大丈夫?

形容詞をそのまま続ける

You look tired. や It tastes good. からわかるように、**形容**

詞（good など）は五感の動詞にそのまま続けます。like など他の単語を入れたら間違いになります。

You look tired.
（顔を見て）疲れてそうだね。

You sound tired.
（電話などで）疲れてそうだね。

It smells bad.
臭い。

It tastes strange.
変な味がする。

You feel hot.
（おでこに手を当てて）熱いわね。

I feel good.
気分がいい!

「何歳」、「何人」は形容詞

　たとえば、I'm 30 years old. は、I'm old. の old（形容詞）の前に 30 years（30 年間）を入れた表現です。この 30 years old も形容詞の働きをするので、五感の動詞にそのまま続けることができます。

You look 30.
あなたは30歳に見える。

「何人」を表すJapanese「日本人の」やAmerican「アメリカ人の」なども形容詞です。こうした形容詞も、五感の動詞にそのまま続けます。

You look Italian.
イタリア人に見える。(顔がイタリア人っぽい)

You sound American.
アメリカ人のように聞こえる。(英語の発音があまりにも上手で)

日本語に合わせるのではなく、英語に合わせた英語

日本語に合わせた英語、「日本語英語」よりも、**英語に合わせた英語、「英語英語」のほうが実は簡単なのです。**「直訳頭」を卒業して、「英語の使い方」に沿って考えると、正しい英語になるだけではなく、ずっと楽にもなります。**言葉を訳すのではなくて、意味を訳す**、同じ意味を英語の理屈で表せることが大事です。

たとえば、「若く見られたい」は、

I wanna look young.

と言います。日本語的に考えると、「『見られる』は受動態だからbe looked as young かな？」などと考えた挙句、間違った英語にたどり着いてしまいます。

　また、「そんな悲しそうな顔をしないで」と言いたい場合、「日本語に合わせた」間違った感覚だと、「悲しい顔」は sad face で、「そんな」は such a だとか考えて、Don't do such a sad face. といった英語を作り上げたりしてしまいますが、こんな英語はあり得ません。正しくは、

Don't look sad.

です。正しい、英語ならではの考え方は、「見た目だから look」、「sad は形容詞だからそのまま続ける」とシンプルです。

　同じように、「顔色が悪いよ」は、

You look sick.

と言います。見た目なので動詞は look を使い、「具合が悪い／病気だ」を表す sick は形容詞なのでそのまま続けます。

　これが「英語に合わせた英語」です。日本語を一語一語訳すのではなくて、英語の理屈を使って、同じ意味を表すのです。こうした考え方に慣れましょう。

soundの使い方を活かして「会話力」を上げよう!

soundには使い方がいろいろあります。You sound tired.(声が疲れているね)のように、声や音だけではなく、**人の話を「聞いた」感想を言うときにも使います。**

That sounds good!
(誘われたりして)いいですね!

How does that sound?
(提案したあとに)それでどうですか?

人の話を聞いて、Oh, I see. しか言わなかったり、黙って聞いていたりするよりも、このsoundを使って感想を言うようにすれば、ずっと自然な流れの会話になります。「会話力」の大事な一部ですね。

soundは第三者の人についても次のように使えます。

He sounds nice.
(彼についての話を受けて)いい人そうだね。

He sounds stupid.
(彼についての話を受けて)頭が悪そうだね。

手紙やメールの感想もsoundで表す

　手紙やメールは読むものですが、人の話という感覚で、動詞にはlookではなくsoundを使います。たとえば、新婚の友人からもらった手紙への返事に、You look happy. を使うのは間違いです。You look happy. はその人の様子を見て感想を言うときの表現。ここでは、You sound happy. とします。ただし、見るからに幸せそうな写真が付いていた場合には、You look happy. とすることが可能です。

名詞を続けるなら like を使う

　形容詞ではなく名詞を続けるなら、その名詞の前に like を付けます。この like は「…に似ている」よりも、「…のようだ」という意味です。

たとえば、

He looks nice.
He looks like a nice guy.

は、どちらも「彼はいい人そうだ」という意味です。nice は形容詞なので like は必要なく、a nice guy は名詞なので like が必要だという違いです。

He sounds stupid.
He sounds like an idiot.

も同様です。stupid は「頭が悪い」という意味の形容詞、an idiot は「頭が悪い人」という意味の名詞です。

「…に似ている」という意味かどうかは関係なく、「名詞なら like」という感覚です。

たとえば、

She doesn't look like her mother.

と、her mother なら「彼女は母親に似てない」という意味ですが、

She doesn't look like a mother.

と、a mother なら「彼女は母親のようには見えない／子どもがいるようには見えない」という意味になります。

how は形容詞扱い、what は名詞扱い

形容詞なら like はなし、名詞なら like はあり、ということがわかりましたね。ここで、**how は形容詞扱いなので like は必要なく、what は名詞扱いなので like が必要**という違いも覚えましょう。

what は名詞として使います。たとえば、

What happened?
何が起きたの？

では、what が主語になっています。

What did you do?
何をしたの？

では、what は目的語になっています。

主語も目的語も、必ず名詞ですから、what は名詞扱いだということがわかります。

しかし、how は主語にも目的語にもなりません。それは how が名詞扱いではないからです。

「五感の動詞」に関して言うと、what を使う場合は like が必要になります。how は like なしで使います。

たとえば、

How does it taste?
味、どう？（おいしいかどうかを聞いている）

What does it taste like?
どんな味なの？（どんな味かを聞いている）

と、意味も少し違います。

❷ 五感の動詞に文を続ける

like には文も続けられる

like のあとに、文を丸ごと続けることもできます。 たとえば、「行きたくなさそうな顔をしているね」なら、

You look like you don't wanna go.

と言います。like のあとに、You don't wanna go.「あなたは行きたくない」という元々完結している文をそのまま続けます。

五感の動詞に続ける「like ＋名詞」の名詞を「動詞の ing（動名詞）」には絶対にしません。通常、名詞はいつでも動詞の ing に

置き換えられますが、これは珍しい例外です。つまり、You look like crying. などはあり得ない英語なのです。この like のあとに動詞を使いたい場合には、「like ＋文」という形にします。

It looks like+文、It sounds like+文を使いましょう！

like のあとに続く文には元々主語が入っているので、**You look like... でなく、It looks like... としても大丈夫です。**どちらでも正解だし、どちらでもよく使いますが、ぼくは It looks like... をお勧めします。なぜなら、You look... と He looks... を使い分ける場合は、動詞に -s が付くか付かないかを考えなければならないからです。毎回、It looks like... を使えばその面倒は省けます。そうすれば、It looks like を1つの塊として、常に文の文頭に付け加えるだけなので楽です。

You look like you don't wanna go.

It looks like you don't wanna go.
行きたくなさそうだね。

文を続ける場合は、時制をよく意識しましょう。日本語の言い方は考えず、未来のことなのか、過去のことなのか、普段のことなのか、今のことなのかだけを意識しましょう。

たとえば、「泣きそうな顔をしているね」なら、

It looks like you're gonna cry.

と言います。「泣きそう」ということは、泣くのはこれからのこと、つまり未来のことなので未来形です。また、「泣いているように見える」なら、

It looks like you're crying.

と言います。今泣いているように見えるということなので、「今のこと」を表す進行形にします。

目がはれていたりしているのを見て、「泣いていたような顔をしているね」と言う場合には、

It looks like you've been crying.

と「さっきまで続いていたこと」を表す have been ...ing（現在完了進行形）を使います。

You look like crying. と like のあとに動詞の ing 形を続けることはできず、文にしなければならない理由がここにあります。You look like crying. では、過去のことなのか、未来のことなのか、今のことなのかといった大事な情報が足りないからなのです。

なお、文が続くのは、たいてい look、sound、feel です。smell と taste でもあり得るのですが、滅多に使われません。

様子、見た目、顔なら look、人の話や声なら sound、感じ、気分なら feel と使い分けます。たとえば、話を聞いて、「楽しかったようだね」と言うなら、

It sounds like you had fun.

ですが、同じことを写真などを見て言う場合は

It looks like you had fun.

となります。

feel の使い方

feel の使い方はいろいろで、かなりの上級者でも知らない使い分けもありますが、ここで一気に覚えてしまいましょう!

たとえば、

I feel like an idiot.
ぼくってバカみたい。

のように、**「自分を…だと感じる」**という使い方もありますが、

I feel like a beer.
ビールが飲みたい気分だ。

と**「…がほしい気分だ」**という使い方もあります。

文型は同じですが、文脈から意味を判断します。「バカがほしい気分だ」や「自分をビールに感じる」という意味にとる人はいません。英語圏の国の「オヤジギャグ」として、わざと違う意味にとるヤカラもいます。たとえば、ぼくの父がそうです。ぼくが、I feel like a beer.「ビールがほしい気分」と言ったら、That's strange. You don't look like a beer.「変だな、君はビールには見えないけど」と毎回毎回言われます。おやじ…!

「…がほしい気分だ」の意味の場合は、like のあとに動詞の ing 形（動名詞）を続けることもできます。「自分を…に感じる」の意味の場合はそうすることはできないので気をつけましょう。上級者にもこの間違いは多いです。

I feel like staying home.
家にこもりたい気分だ。

I don't feel like talking about it.
その話をする気分じゃない。

英会話のフレーズ集でよく見られる I feel like ...ing はこの構文です。

feel like＋名詞　vs　feel like＋文

この使い分けを知らない上級者も多いです。どの構文で使うかによって意味が全然違ってきてしまうので気をつけましょう。上で書かれているように、「I feel like ＋名詞」や「I feel like ...ing」は「…がほしい気分」「…がしたい気分」という意味です。それに対して、**「I feel like ＋文」は「…であるような感じだ」**を表します。

たとえば、お店などの心地よい雰囲気の感想を、

I feel like I'm at home.
家にいるような感じ。

と言いたかったのに、

I feel like being at home.

と言ってしまうと、「帰りたい気分だ」と言ってることになってしまいます。「え? 帰りたいの!」と連れて行ってくれた人はガックシ。

「前にも会ったことあるような感じがする」は、

I feel like I've met you before.

と言います。これを間違って、I feel like meeting you before. と言ってしまうと「前にも会いたい気分だ」と意味のわからない文になります。

否定文も同じです

「I don't feel like +文」は「そんな感じがしない」や「実感がない」という意味です。feelのあとを「like +名詞」や「like +動詞のing形」とすると、「…がほしい気分じゃない」、「…がしたい気分じゃない」という意味になります。

I don't feel like I'm going to New York tomorrow.
明日ニューヨークに行く実感がない。

I don't feel like going to New York tomorrow.
明日ニューヨークに行きたくない。

上下の文では意味が大きく変わってしまうので、必ず使い分けましょう。

I feel like a beer.

表現パターン
パターン26 〈look＋形容詞〉

1. You look tired.
2. You look good.
3. You look sick.
4. You look amazing!
5. They look happy.
6. They look good together.
7. He looks nice.
8. She looks young.
9. It looks expensive.
10. That movie looks good.
11. You don't look 30.
12. She doesn't look Japanese.
13. Don't look so sad.
14. Don't look so worried!
15. I wanna look young.
16. I wanna look mature.
17. How do I look?
18. How old do I look?

「…のようだ」

1. 顔が疲れているよ。
2. 元気そうだね。
3. 顔色が悪いよ。
4. 今日の格好が超素敵！
5. あの2人は幸せそうだね。
6. その2人はお似合いだね。
7. 彼はいい人そうだね。
8. 彼女は若く見える。
9. 高そうだね。
10. その映画がよさそうだよ。
11. 君は30歳には見えない。
12. 彼女は日本人には見えない。
13. そんな悲しそうな顔をしないで。
14. そんな心配そうな顔をしないで。
15. 若く見られたい。
16. 大人っぽく見られたい。
17. どう？ 似合う？
18. 私、何歳に見える？

表現パターン
パターン27 〈look like+名詞〉

1. You look like your dad.
2. She doesn't look like a mother.
3. He looks like a nice guy.
4. She looks like a model.
5. It looks like rain.
6. It looks like nice weather tomorrow.
7. Do I look like a bank?
8. What does he look like?

表現パターン
パターン28 〈It looks like+文〉

1. It looks like you had a good time.
2. It looks like she didn't find out.
3. It looks like you're gonna cry.
4. It looks like they're gonna break up.
5. It looks like you wanna say something.
6. It looks like you don't wanna go.
7. It looks like you didn't get any sleep.
8. It looks like we're gonna meet the deadline.

「…に似ている」

1. お父さんに似ているね。
2. 彼女は子どもがいるようには見えない。
3. 彼はいい人そうだね。
4. 彼女はモデルみたいに見える。
5. 雨が降りそうだね。
6. 明日は天気がよさそうだよ。
7. (お金を貸してと言われて)私は銀行に見えるか?
8. 彼はどんな顔しているの?

「…である／だったようだ」

1. (写真などを見て)楽しかったようだね。
2. 彼女にはバレてないようだね。
3. 泣きそうな顔をしているね。
4. その2人は別れそうな気配だ。
5. 何か言いたそうだね。
6. 行きたくなさそうな顔をしているね。
7. 全然寝てない顔をしているね。
8. 締め切りに間に合いそうだね。

表現パターン
パターン29 〈sound＋形容詞〉

1. That sounds good.
2. That sounds perfect!
3. That sounds hard.
4. That sounds expensive.
5. That sounds tough.
6. That book sounds interesting.
7. You sound American.
8. You sound tired.
9. You sound sick.
10. You sound really happy.
11. He sounds rich.
12. He sounds nice.
13. That doesn't sound so bad.
14. He doesn't sound very smart.
15. Does that sound strange?
16. How does that sound?

「(話を聞いて)…のようだね」

1 (その提案は)いいですね。
2 (話した内容が)完璧だね！
3 難しそうだね。
4 高そうだね。
5 大変そうだね。
6 その本、おもしろそうだね。
7 発音がアメリカ人みたい。
8 声が疲れているよ。
9 鼻声だね。／(声が)具合悪そうだね。
10 (手紙でも)本当に幸せそうだね。
11 彼はお金を持ってそうだね。
12 彼はいい人そうじゃん。
13 そんな大変じゃなさそうだね。
14 彼はあまり賢そうじゃないね。
15 それって変かな？
16 この提案でどう？

表現パターン
パターン30 〈sound like＋名詞〉

1. That sounds like fun.
2. That sounds like a plan.
3. It sounds like The Beatles.
4. You sound like my mother.
5. He sounds like a nice guy.
6. He sounds like an idiot.
7. That doesn't sound like a good idea.
8. You don't sound like a foreigner.

表現パターン
パターン31 〈It sounds like＋文〉

1. It sounds like you're having fun.
2. It sounds like he's cheating.
3. It sounds like they're getting along.
4. It sounds like everything is going well.
5. It sounds like he really likes you.
6. It sounds like you mean it.
7. It sounds like you don't wanna go.
8. It sounds like they liked our proposal.

「(話を聞いて)…そうだね」

1. 楽しそうだね。
2. その提案でいこう。
3. この曲、ビートルズみたいだね。
4. 言っていることがうちの母親と同じ。
5. (彼についての話を聞いて)いい人そうだね。
6. 彼、頭悪そうだね。
7. あまり得策じゃない感じがするな。
8. 外国人のなまりがないね。

「(話を聞いて)…している／であるようだね」

1. 楽しんでいるようだね。
2. (君の話を聞くと)彼が浮気してそうだね。
3. (君の話を聞くと)その2人がうまくいってそうだね。
4. すべてがうまくいっているようだね。
5. 彼に超好かれていそうだね。
6. 本気で言っている感じがするね。
7. 行きたくなさそうな言い方だね。
8. 先方がうちの提案を気に入ったようだね。

表現パターン
パターン32 〈smell＋形容詞〉

1. It smells delicious!
2. It smells bad.
3. It smells strange.
4. The milk smells off.
5. You smell great.
6. It doesn't smell so bad.
7. It doesn't smell off.
8. Do I smell OK?

表現パターン
パターン33 〈smell like＋名詞〉

1. You smell like alcohol!
2. The room smells like an ashtray.
3. Babies smell like milk.
4. He came home smelling like perfume.

表現パターン
パターン34 〈It smells like＋文〉

1. It smells like he didn't take a shower.
2. It smells like it's gonna rain.

「…な匂い／臭いがする」

1 おいしそうな匂いがする。

2 臭い。

3 変な臭いがする。

4 牛乳が腐っている臭いがする。

5 (君は)すごくいい香りがする。

6 そんなに臭くない。

7 匂いからして腐ってなさそうだね。

8 俺、体臭大丈夫？

「…の匂い／臭いがする」

1 お酒臭いよ！

2 この部屋は灰皿の臭いがする。

3 赤ちゃんはミルクの匂いがする。

4 彼が帰ってきたときに女性の香水の匂いがした。

「…である匂い／臭いがする」

1 彼からはシャワーを浴びてない臭いがする。

2 雨が降りそうな匂いがする。

表現パターン
パターン35 〈taste＋形容詞〉

1. It tastes good.
2. Beer tastes better cold.
3. It tastes strange.
4. It tastes fresh.
5. This tastes really disgusting!
6. Does it taste OK?
7. How does it taste?

表現パターン
パターン36 〈taste like＋名詞〉

1. It tastes like chicken.
2. It tastes like home-cooking.
3. It tastes like real butter.
4. It doesn't taste like instant coffee.
5. What does it taste like?

表現パターン
パターン37 〈It tastes like＋文〉

1. It tastes like my mother used to make it.
2. It tastes like they forgot to flavor it.

「…な味がする」

1 おいしい。

2 ビールは冷えているほうがうまい。

3 変な味がする。

4 新鮮な味がする。

5 これ、超まずい！

6 味は大丈夫かしら？

7 味はどう？

「…の味がする」

1 チキンの味がする。

2 家庭料理の味がする。

3 本物のバターの味がする。

4 インスタントコーヒーの味はしない。

5 どんな味がするの？

「…であるような味がする」

1 母が昔作っていた味だ。

2 味付けし忘れたようだ。

表現パターン
パターン38 〈feel＋形容詞〉

1 I feel good!

2 I feel down.

3 You feel hot.

4 It feels soft.

5 That feels good.

6 I don't feel 30.

7 How do you feel?

8 How does it feel?

表現パターン
パターン39 〈feel like＋名詞〉

1 I feel like a new man!

2 I felt like an idiot!

3 It feels like silk.

4 It feels like summer.

「…な感じがする」

1 気分がいい！

2 落ち込んでいる。

3 （おでこに手を当てて）熱があるね。

4 感触が柔らかい。

5 （マッサージなどで）それ、気持ちいい。

6 30歳になった感じがしない。

7 気分はどう？

8 それって、どんな気持ちなの？

「…のような感触だ／気分だ」

1 （風呂上がりなどで）生まれ変わった気分だ！

2 悔しかった！

3 シルクのような感触だ。

4 今日は夏みたいだね。

表現パターン
パターン40 〈I feel like+名詞〉

1. I feel like Japanese.
2. I feel like a beer.
3. I feel like getting dressed up.
4. I feel like doing something different.
5. I don't feel like Chinese tonight.
6. I don't feel like going out.
7. What do you feel like doing?
8. What do you feel like eating?

表現パターン
パターン41 〈I feel like / It feels like+文〉

1. I feel like something good is gonna happen.
2. I feel like I'm married.
3. It feels like I've known you for ages.
4. It feels like I'm never gonna see you again.
5. I don't feel like I'm working.
6. It doesn't feel like I'm going to New York tomorrow.

「…がほしい／したい気分だ」

1 和食が食べたい気分。

2 ビールが飲みたい気分。

3 ドレスアップしたい気分。

4 いつもと違うことがしたい気分。

5 今日は中華って気分じゃないな。

6 出かける気分じゃない。

7 何をしたい気分なの？

8 何を食べたい気分なの？

「…である気がする」

1 何かいいことが起こりそうな気がする。

2 結婚している気分だ。

3 君とはずっと前からの知り合いのような気がする。

4 君とは二度と会えない感じがする。

5 (楽しくて)仕事している感じがしない。

6 明日ニューヨークに行くという実感がない。

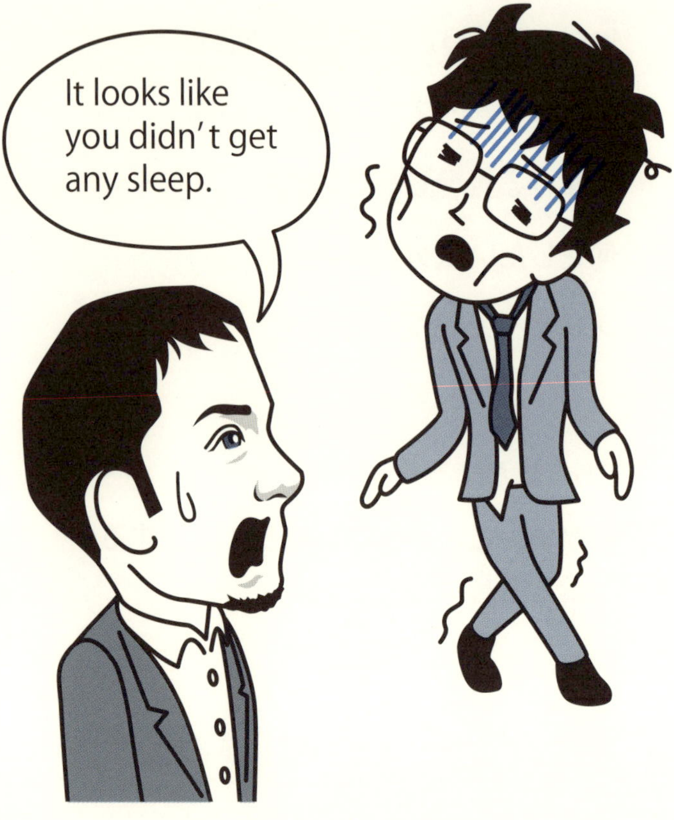
It looks like you didn't get any sleep.

CHAPTER 4
仮定法を使って仮の話をする

Chapter 4
仮定法を使って仮の話をする

よく使う仮定法から覚えよう！

　みなさんがおそらく高校時代に「仮定法」を教わったとき、「難しい!」「よくわからない!」という印象を持ったのではないかと思います。確かに難しいのですが、毎日の日常生活の中で本当にたくさん使うものです。ネイティブの5歳児でも完璧に使いこなしているほどです。

　「難しいから、上達してから覚えよう」という人はいますが、これは間違いです。「簡単なものから覚える」のではなくて、よく使うものから覚えましょう。

　ここでも、よく使う部分を塊として覚えた上で、それに続く表現を覚えれば、意外と簡単に使えるようになります。

　「仮定法」を使うべきところで使わないと非常に変な表現にもなるので、できればマスターしたいですね。英語の中の大事なものです。

　仮定法では、
　・「実際じゃない話」、「仮の話」を
　・過去のことではないのに
　過去形で表します。

■日本語の「のに」で理解しよう！

まずは日本語で仮定法の感覚をつかみましょう。「日本語には仮定法がない」とよく言われますが、実はあるのです。日本語では「のに」を使って「実際は違うけどね」というニュアンスを表します。

たとえば、「彼が独身だったらいいな」では、その人が独身かどうかわかりませんが、「彼が独身だったらよかったのにな」と「（よかった）のに」が入るだけで「実際は違うけどね」というニュアンスになります。

彼が独身かどうかはわからない場合は「だったらいいな」、彼が独身ではないことがわかっている場合は「だったらよかったのにな」と日本語でも使い分けています。

この「のに」の使い方こそが、「仮定法」の感覚なのです。これを英語では過去形にすることで表すのです。

❶ wish で仮定法の感覚をつかむ

I hope と I wish の違いで理解しよう！

「I hope と I wish はどう違うの？」という質問はよくされます。答えは、「まったく違う！」です。

それが本当なのかどうかわからない場合は、

I hope...
…だったらいいな。

と期待している気持ちを表します。

実際そうではないことがわかっている場合は、

I wish...
…だったらいいのにな。

と残念がる気持ちを表します。

「期待」と「残念」は大きく違うので、I hope と I wish は必ず使い分けます。

たとえば、彼が独身かどうかわからない場合は、

I hope he's single.
彼が独身だったらいいな。

と、彼が独身ではないとわかっている場合は、

I wish he was single.
独身だったらよかったのにな。

と言います。

　つまり、I hope は仮定法ではなく、I wish は仮定法です。I wish のあとに続く文は必ず過去形で、必ず「実際じゃない話」です。I wish he is single. は絶対にあり得ない英語だし、I wish he was single. と言われたら「彼は独身じゃない」とはっきりわかります。

I wish it was Saturday.
土曜日だったらいいのにな。

この文が言えるのは土曜日以外の日です。

I wish I had a car.
車があればなぁ。

この文が言えるのは車を持ってない人だけです。

> 注意：I wish you a Merry Christmas. は別もの

I wish に文が続く場合は必ず仮定法、必ずあくまでも「仮の話」ですが、

I wish you a Merry Christmas.

の場合は文が続いてはいません。Teach me English. のように「動詞＋人＋名詞」の文型です。この wish の使い方は昔の英語のなごりであって、例外になります。I wish に文が続く現代の英語の使い方では、必ず「実際ではない話」になります。You have a Merry Christmas のように文を続ける場合は、必ず I hope を使います。

> 謙遜する意味で I wish! と言います

たとえば、「君は何でもできるんだね」、「賢いね！」、「上手だね」、「モテるでしょう？」などと褒められたときに、謙遜する意味で、

I wish!
いや、そうだったらいいのですけどね。

と言います。ここでは、「そうだったらいいのにな、でも実際はそうじゃないですよ」という wish の意味がよく表れています。これで I wish のニュアンスがよくわかると思います。

逆に、勘違い野郎には「言ってろ!」という意味で、

You wish!

と言います。つまり、「あんたはそう望んでいるだけであって、実際はそうじゃありませんから」と、ここでも wish の意味がよく表れています。

I wish に続く他の時制

仮の話だから、It is Saturday. が It was Saturday. と過去のことではないのに過去形になることがわかりましたね。他の時制はどうなるのでしょうか?

普段のこと

「普段していること」「一般的なこと」は元々現在形で言います。普段の仮の話なら、普通の過去形になります。

普段の実際の話なら、

I live in Hawaii.
ハワイに住んでいます。

He doesn't do overtime.
彼は普段から残業をしていません。

CHAPTER 4 仮定法を使って仮の話をする

と表します。これを、実現してない、仮の話として I wish に続けると、

I wish I lived in Hawaii.
ハワイに住んでいたらいいのにな。

I wish he didn't do overtime.
彼が普段から残業をしてなければいいのにな。

となります。

今していること・一時的なこと

今していること、一時的なことは元々進行形で言います。仮の話なら過去進行形になります。

Someone is helping me.
だれかが手伝ってくれている。

It's not raining.
今は雨が降ってない。

を、実現してない、仮の話として I wish に続けると、

I wish someone was helping me.
だれかが手伝ってくれていればいいのにな。

I wish it wasn't raining.
今、雨が降ってなければいいのにな。

になります。

未来のことでも過去進行形

未来の言い方は3通りあります。

will	「じゃあ、…するよ」と、今、決めたこと、または、決まってないこと
be going to	いつでも使える唯一の未来形
進行形	「…するのだけど」と、すでに決まっていること

　たとえば、「明日、彼も来られればよかったのにな」の場合、実際は来ないことが決まっているので、「すでに決まっている未来」を表す進行形になります。未来に対する I wish に、「決まってない未来」を表す will はふさわしくありません。来るか来ないかが決まってないのに「来ればいいのにな」と言うのはおかしいですね。いつでも使える「be going to（過去形なら was/were going to）」を続けてもいいのですが、珍しいです。400本の映画やドラ

マの台本を分析したところ、未来に対して I wish を使っている場合、9 割以上が過去進行形で話しています。

実際に決まっている未来のことは、

He's coming tomorrow.
明日、彼が来る。

I'm not working tomorrow.
明日は仕事じゃない。

と表します。これを、実現しない、仮の話として I wish に続けると、

I wish he was coming tomorrow.
明日、彼も来られればよかったのにな。

I wish I wasn't working tomorrow.
明日は仕事じゃなければよかったのにな。

となります。それに対し、決まってない未来のことを続ける場合は、決まってない未来を表す will の過去形 would を使います。実際はそうなるとは決まってない未来なのに I wish を使うのは、あまり wish っぽくなくて、どちらかというと I hope に近いのですが、

「こうなってほしい!」という意味が強く表れた言い方になります。「I hope の強いバージョン」のようなものです。

I hope it stops raining.
雨がやむといいな。

I wish it would stop raining.
雨にやんでほしいのにな。

当然、雨はいつかはやみますが、下の文には「今すぐにやんでほしい!」という強い気持ちが込められています。

過去のこと

過去における仮の話では「二重過去」になります。「二重過去」を表すのは「過去完了形」です。「had + 過去分詞」という形です。「大昔のことは過去完了形だ」と誤解してしまっている人も多いのですが、それは間違いです。「過去完了形」にふさわしいネーミングは「ダブル過去」「二重過去」です。

過去に実際あったことなら、

I went.
行った。

I didn't buy it.
それを買わなかった。

と言いますが、それを、実現してない、過去の仮の話として I wish に続けると、

I wish I had gone.
行けばよかったのにな。

I wish I hadn't bought it.
これを買わなければよかったのにな。

となります。

be動詞の場合

be 動詞は、今のこと、普段のこと、そして未来のことを同じ時制で表すことが多い、例外の動詞です。

たとえば、

I'm tall.
背が高い。（普段のこと）

I'm not sick.
風邪じゃないです。（今のこと）

I'm not busy tomorrow.
明日は忙しくない。(未来のこと)

をI wishに続けると、I'mが過去形のI wasになり、またも同じ時制になります。

I wish I was tall.
背が高ければよかったのに。(普段のこと)

I wish I wasn't sick.
病気じゃなければよかったのに。(今のこと)

I wish I wasn't busy tomorrow.
明日は忙しくなければよかったのに。(未来のこと)

ここまでを要約すると、次のようになります。
難しい理屈を考えずに、パターン化してこのまま覚え、このまま使うのが一番! この表現パターンで仮定法の感覚をつかみましょう。

「普段のこと」に対しては	I wish ＋過去形
「今のこと」に対しては	I wish ＋過去進行形
「未来のこと」に対しては	I wish ＋過去進行形
「過去のこと」に対しては	I wish ＋過去完了形

表現パターン
パターン42 〈I wish＋過去形〉

1. I wish I was rich.
2. I wish I was taller.
3. I wish he was single.
4. I wish the economy was better.
5. I wish I had a car.
6. I wish I lived in Hawaii.
7. I wish we got paid overtime.
8. I wish he cleaned the house.
9. I wish I could speak English.
10. I wish she didn't smoke.
11. I wish I wasn't so busy.
12. I wish he didn't do overtime.
13. I wish he didn't snore.
14. I wish she didn't live so far away.
15. I wish she didn't work so late.

「(普段)…だったらいいのにな」

1. お金持ちだったらいいのにな。
2. もっと背が高ければいいのにな。
3. 彼が独身だったらいいのにな。
4. 景気がもっとよければいいのにな。
5. 車さえあればな。
6. ハワイに住んでたらよかったのにな。
7. (普段)残業代がもらえたらいいのにな。
8. 彼が(普段)掃除してくれていれば楽なのにな。
9. 英語が話せたらいいのにな。
10. 彼女が喫煙者じゃなければいいのにな。
11. こんなに忙しくなければいいのに。
12. 彼がいつも残業じゃなければよかったのにな。
13. 彼がイビキをかく人じゃなければいいのにな。
14. 彼女があんな遠くに住んでなければな。
15. 彼女が、あんなに遅くまで仕事をしていなければな。

表現パターン
パターン43 〈I wish+過去進行形／(be/haveなら)過去形〉

1. I wish someone was helping me.
2. I wish I was wearing something warmer.
3. I wish you were here.
4. I wish we had more time.
5. I wish it was Saturday today.
6. I wish we were still going out.
7. I wish things were going better.
8. I wish we were staying at the Park Hyatt.
9. I wish it wasn't raining.
10. I wish I wasn't working today.
11. I wish I wasn't sick.
12. I wish you weren't so drunk.
13. I wish it wasn't so cold today.
14. I wish she wasn't dating him.
15. I wish they weren't smoking.
16. I wish they weren't making so much noise.

「(今のこと、一時的なこと)
…だったらいいのにな」

1 だれかが手伝ってくれていればいいのにな。

2 もっと暖かい格好をしていればよかった。

3 君も一緒にいればよかったのにな。

4 もっと時間があればいいのにな。

5 今日が土曜日だったらいいのに。

6 私たちがまだ付き合っていればいいのにな。

7 物事がもっとうまくいっていればな。

8 Park Hyattに泊まっていればよかったのに。

9 雨が降ってなければいいのにな。

10 今日、仕事じゃなければよかったのに。

11 病気じゃなければよかったのに。

12 あなたがこんなに酔ってなければよかったのにな。

13 今日がこんなに寒くなければよかったのに。

14 彼女が彼と付き合ってなければいいのにな。

15 彼らがタバコを吸ってなければよかったのに。

16 彼らがこんなにうるさくしてなければいいのに。

表現パターン
パターン44 〈I wish＋過去進行形〉

1. I wish I was going too!
2. I wish you were coming.
3. I wish it was starting earlier.
4. I wish we were going somewhere warmer.
5. I wish I wasn't working tomorrow.
6. I wish he wasn't coming.
7. I wish she wasn't getting transferred.
8. I wish I wasn't going alone.

表現パターン
パターン45 〈I wish＋主語＋would...〉

1. I wish you would tell me.
2. I wish it would stop raining.
3. I wish he would shut up.
4. I wish they would break up.
5. I wish he would quit his job.
6. I wish she would quit smoking.
7. I wish you would try harder.
8. I wish he would come home earlier.

（そうはならないと決まっている未来のこと）
「…だったらいいのにな」

1. 私も行きたいのにな！
2. 君も来ればいいのにな。
3. 始まりがもっと早ければいいのにな。
4. もっと暖かいところに行くんだったらいいのにな。
5. 明日は仕事じゃなければいいのにな。
6. 彼には来ないでほしいのにな。
7. 彼女の転勤が決まってなければいいのにな。
8. 1人で行かないんだったらよかったのにな。

（そうならないとは決まっていない未来のこと）
「…してほしいな」

1. 教えてほしいな。
2. 雨がやんでほしいな。
3. あいつには黙っていてほしいな。
4. 彼らが別れればいいのに。
5. 彼が仕事を辞めればいいのに。
6. 彼女にはタバコをやめてほしいな。
7. 君にもっとがんばってもらいたいな。
8. 彼にはもっと早く帰ってきてほしいな。

表現パターン
パターン46 〈I wish＋過去完了形〉

1. I wish I had known.
2. I wish you had come.
3. I wish she had said yes.
4. I wish I had won the lottery.
5. I wish you had told me earlier.
6. I wish I had been more careful.
7. I wish he had gotten promoted.
8. I wish Japan had won.
9. I wish we hadn't broken up.
10. I wish it hadn't happened.
11. I wish you hadn't said that.
12. I wish I hadn't bought this.
13. I wish he hadn't quit his job.
14. I wish my computer hadn't frozen.

(過去のこと)「…だったらよかったのにな」

1 それがわかってたらよかったのにな。

2 君も来ればよかったのに。

3 彼女の答えがYesだったらよかったのにな。

4 宝くじが当たっていればよかったのにな。

5 それをもっと早く言ってほしかったのにな。

6 もっと気をつければよかったな。

7 彼の昇格が決まったらよかったのにな。

8 日本に勝ってほしかったのにな。

9 別れなければよかったのにな。

10 そのことがなければよかったのにな。

11 君にそう言ってほしくなかったな。

12 これを買わなければよかったな。

13 彼が会社を辞めてなければよかったのにな。

14 パソコンがフリーズしなければよかったのにな。

❷ should / could / would の いろいろな使い方

なじみのある should、could、would は全部「仮定法」で使われる助動詞です。それぞれ、shall、can、will の過去形です。そして、どれも過去のことに対して使われることはほとんどなく、「仮の話」を表すために使われる過去形です。どれも、動詞の原形が続くので案外簡単に使えます。

「should は仮定法」という感覚はない

should は shall の過去形ですが、shall はほぼ死語なのです。Shall I...? や Shall we...? がかろうじて生き残っていますが、それ以外は現代の英語では使いません。さらに、Shall I...?、Shall we...? さえ使われなくなりつつあります。Shall I...? の代わりに

Do you want me to...?

を使うほうが自然な英語で、Shall I...? はより硬い英語。同様に、Shall we...? も、

Do you wanna...?

としたほうが自然です。

should は普通に「…したほうがいい」という意味で使いますし、ネイティブには「仮定法だ」「仮の語だ」という意識はないのです。

You should go.

行ったほうがいいよ。

You shouldn't tell her.

彼女には言わないほうがいいよ。

shouldで「…のはず」

should は「…したほうがいい」だけでなく、「…のはず」の意味でも使われます。ここでも、「仮定法」という意識はありません。

He should be here at 6.

彼は6時に来るはず。

He shouldn't mind.

彼は気にしないはず。

could にはいろんな使い方がある

shouldと違って could は「仮の話」という意識で使われています。could は can の過去形ですが、「過去にできた」という意味ではほとんど使われなくて、だいたいは「仮の話」を表すための過去形です。

たとえば、I could pass the test. は「テストに受かることがで

きた」という意味ではありません。「もし受ければ受かるだろう」と仮の話です。「過去にできた」という意味で could が使えるのは「以前はできたものだった」と言うときだけで、「（一回）できた」という意味では絶対に使いません。その場合は、

I passed the test.
試験に受かった。

と簡単に言います。

can には「できる」「してもいい」「あり得る」といろんな和訳があります。could も同じような訳になりますが、「仮の話」です。

たとえば、軽い提案としてcouldを使う

友だちと What do you wanna do?「何しようか？」と話しているとき、We could... で軽い提案をすることがよくあります。

We could see a movie?
映画を観るのもいいしね。

特に「映画が観たい」という強い気持ちはないし、「映画を観よう」と言っているわけではなくて、「映画を観るのもいいしね」「映画を観るという手もあるね」など、「1つの案として…」という言い方です。これは「仮の話」を表す could だからそういうニュアンスになります。

「仮の話」の意識のないshouldよりもずっと軽いアドバイスにも使います。それぞれの例文を比べてみてください。

You should say no.
断ったほうがいいよ。

You could say no.
断ってもいいしね。（断ることもできるしね）

couldn'tで「あり得ない」

could「あり得る」を否定形couldn'tにして「あり得ない」と表現することもできます。

たとえば、How are you?と聞かれて、

I couldn't be better.
最高！／絶好調！

などのように言います。一見悪い意味に見えるこの文は、実は、「これ以上いいことはあり得ない」、つまり、「最高！／絶好調！」という意味なのです。反対に、

I couldn't be worse.
最悪だよ。

という表現もあります。

would は will の過去形

仮定法と言えば、would ですね。would は will の過去形です。「未来形の過去形？」と非常に不思議に思われることでしょう。普通なら確かにおかしな話ですが、過去のことではないのに過去形で言う「仮定法」でなら普通にあり得ます。つまり、would は未来の仮の話を表しています。

will は「決まってない未来のことを表す」と説明しましたね。たとえば、if 節を含む文でも will が使われます。そして、仮定法ではなくても、英語全体において、if 節の中では未来のことを現在形で言います。

たとえば、リアルな話なら、

I will go if I have time.
時間があったら行く。

と、時間的に余裕ができるかどうかわからないけど、もしあればリアルに行くつもりと表します。これを仮の話にすると、

I would go if I had time.
時間があったら行くのにな。

と、時間がとれないことを前提に話します。つまり、「私は行けない」と言っているのです。

間違うとすごくおかしい場合もあります。たとえば、よく女の子同士で「あんたが男だったら結婚するのにな」と話していることがあるのですが、I will marry you if you are a guy. では、「あなたが男かどうかわからない」と大変失礼。さらに「リアルに結婚するつもり」と気まずい雰囲気になってしまいます。

I would marry you if you were a guy.

なら、実際は男ではないことを前提に話しています。そして、この話はあくまでもジョーク、仮の話として話しているので、必ず仮定法を使います。

他にも、友だちの誘いを断るときに、

I would go but I'm busy.
普通なら行くけど、忙しい（ので行かない）。

I would go but I'm working.
本当は行きたいけど、仕事だ。

のような断り方が多いです。「行きたくないわけじゃないよ」という気持ちをアピールしている感じです。would は「実際じゃ

ない話」を表すので、相手は I would go と聞いただけで断られていることがわかります。「I would go.（仮の話）」=「I won't go.（実際の話）」という感覚です。

未来が決まっているなら過去進行形で仮の話をする

仮の話、仮定法では、未来のことを表す if には「過去進行形」の文が続くのが一般的です。これは、I wish の解説と同じ原理です。

「実際はそうならない」ことがわかって話しているので、決まっている未来になります。決まっている未来は進行形で表します。先ほどの I would go but I'm working.「行きたいけど、仕事だ」も「働く」ことが決まっているので進行形になります。それを、

I would go if I wasn't working.
仕事じゃなければ行くのにな。

としてみましょう。どちらにしても働くことが決まっているので進行形になります。but I'm working は実際の話なので過去形にはしません。それに対し、if I wasn't working は実際じゃない「仮の話」なので過去形にします。

I'll go if you go.「もし君が行くなら私も行く」も、決まってない未来なので進行形ではなく、実際の話なので過去形ではありません。これを仮定法の文にすると、

I would go if you were going.
君が行くんだったら行くのにな。

と、(そうならないことが) 決まっている未来のことなので進行形を、実際じゃない話なので過去形を使います。なお、I would go if you went. という言い方もあります。

would を使うだけで、if 節は必要ない

多くの場合は would を使うだけで、if 節はいりません。would を使うだけで言いたい意味が通ります。たとえば、恋愛の告白を断るときにも、

We wouldn't work out.
もし付き合ったとしても、私たちはうまくいかない。

が定番の断り方です。「うまくいく、うまくいかない」は付き合ったらの話です。ここでは、「付き合わない」ことを前提に話しているので、「付き合ったら」は仮の話です。必ず would を使います。この場合、if we went out「もし付き合ったら」というフレーズはいりません。would だけでその意味が含まれます。

なお、こういう言い方は絶対にしませんが、もし We won't work out.「付き合うけど、うまくいかないだろう」と言われたら、

相手は「結局、Yes なの? No なの?」と非常に混乱します。

「やせているじゃん!」と言われて、

You'd be surprised.
本当のことを知ったら驚くよ。

と答えることがあります。日本語でもよく「いや、脱いだらすごいよ」という表現をしますが、実際は「裸を見せない」ことを前提に話すので、would（You'd = You would です）。そして、if you saw me naked「ぼくが裸になったところを見たら」などを付けずに、You'd be surprised. と would を使うだけでそういう意味を表しています。

I would quit.
私だったら辞めるな。

とも言います。文法書では、これに if I were him や if it were me. などの if 節が続いていますが、実際はほとんどそうは言いません。なぜなら would を使うだけでその意味も表せるからです。

受験英語や文法書では、考え方が逆説的です。たとえば、「私があなたなら行くのにな」では、「私は実際はあなたではない」ので仮定法の If I were you で始め、「私は実際はあなたではない」ので would を使わなければならないと説明しています。

しかし、ネイティブの感覚ではwouldを使うだけで「もし私があなたなら」という意味を表せるという考え方をします。

アドバイスをするとき、求めるときにwouldを使う

アドバイスをするときに、You should go.と言ってもいいのですが、同じ意味を表すI would go.がよく使われることを覚えておきましょう。wouldを使ったほうが、押し付けがましくなくなります。

You should go.
あなたは行ったほうがいいよ。

I would go.
私だったら行くね。

You should...もよく使われますが、I would...のほうがいい感じがしますよね。ここでも、if I were youが続くことは滅多にありません。

もちろん、否定形にしても、

You shouldn't go.
行かないほうがいいよ。

の代わりに、

I wouldn't go.
私だったら行かないな。

も使えます。

アドバイスを求めるときも、

What should I do?
私はどうしたらいいかな?

とも言いますが、

What would you do?
あなたならどうする?

も非常に一般的です。

would で「まさか!」

　仮定法の would を使うことによって「まさか!」、「あり得ない!」というニュアンスを出せます。would の中でも特別な用法です。辞書で「まさか」を引いてみると Oh my God! しか載っていませんが、would で「まさか!」を表すことができるのです。

　たとえば、Do you think I will kiss him? は「私が彼とキス

するのかな。どう思う?」と、期待している感じですが、

Do you think I would kiss him?
この私が彼なんかとキスすると思っているわけ?

と would を使うだけで、「まさか!」「ありえない!」とまったく異なる意味になります。

また、「私のバッグを探ったでしょ!」などと覚えのない容疑をかけられて、

Why would I do that?!
何でぼくがそんなことするわけ?!

と would を使えば、「まさか!」のニュアンスが出ます。完全に否定しているのですね。

ここで would を使わなければいけないことを知らずに、Why do I do that? と言ってしまうと「何で私がそうしちゃうんだろう」と容疑をまったく否定してないことになります。しかも、do I は「普段のこと」を表す現在形なので、「何で私がいつもそうしちゃうんだろう」という意味に。「いつもか〜い!!!」と激怒されるはず。

実際にあったことでも、

CHAPTER 4 仮定法を使って仮の話をする | 205

Why would he say that?
いったいなぜ彼がそんなことを言うのだろう。

Why would she go out with him?
彼女はいったいなぜ彼なんかと付き合うんだろう。

など、事実を疑っているわけではなくて、「いったいなぜ!」という気持ちを would で表すことができます。

そして、否定文でもよく使われます。「いったいなぜしないわけ?!」、つまり、「しないわけがない」「して当然だよ」という日本語にあたります。

Why wouldn't he be angry?
彼が怒らないわけがない。

いったいだれがそんなことするわけ?!

Who would...?
いったいだれが…するの?

も本当によく使われるフレーズです。

Who would buy that?!
いったいだれがそんなもん買うの?

のように使います。Who wouldn't...?と否定形にすると「だれがしないわけ?」、つまり、「だれだってするよ」という意味になります。

Who wouldn't be angry?
だれだって怒るよ。

表現パターン
パターン47 〈should (1)〉

1. You should go.
2. You should change jobs.
3. You should be careful.
4. You should be nicer to her.
5. You shouldn't tell him.
6. You shouldn't listen to him.
7. You shouldn't complain.
8. You shouldn't smoke.

表現パターン
パターン48 〈should (2)〉

1. It should be good.
2. It should be OK.
3. It should only take an hour.
4. Lots of people should come.
5. It shouldn't be a problem.
6. He shouldn't mind.
7. We shouldn't be too late.
8. It shouldn't be too cold.

「したほうがいい」
1 行ったほうがいいよ。
2 転職したほうがいいよ。
3 気をつけたほうがいいよ。
4 彼女にもっとやさしくしたほうがいいよ。
5 彼には言わないほうがいいよ。
6 彼の言うことは聞かないほうがいいよ。
7 文句は言わないほうがいいよ。
8 タバコは吸わないほうがいいよ。

「…のはずだ」
1 楽しいはずだよ。
2 大丈夫でしょう。
3 1時間しかかからないはず。
4 人がいっぱい来るはず。
5 問題にならないはず。
6 彼なら気にしないはず。
7 そんなに遅刻しないはずだね。
8 そこまでは寒くないはずだよ。

表現パターン
パターン49 〈could (1)〉

1 I could go if you drove me.

2 I could do it if I had more time.

3 He could succeed if he tried harder.

4 I could finish it in time if he helped me.

5 I could do that.

6 You could pass the test.

7 You could be like that.

8 It could happen to anybody.

「…できるのに」

1 あなたが送ってくれれば行けるのにな。

2 もっと時間があればできるのにな。

3 彼はもっとがんばれば成功できるのにな。

4 彼が手伝ってくれれば時間内に終わらせられるのにな。

5 （やろうと思えば）私だってそれはできる。

6 （受かろうと思えば）受かることができるよ。

7 （なろうと思えば）君もそうなれるよ。

8 だれにも起こりうることだよ。

表現パターン
パターン50 〈could (2)〉

1. I **could** help you.
2. I **could** do it for you.
3. I **could** ask him for you.
4. We **could** see a movie.
5. We **could** order in.
6. We **could** go to the beach.
7. We **could** do it another time.
8. You **could** try.
9. You **could** be honest.
10. You **could** say no.

表現パターン
パターン51 〈couldn't〉

1. I **couldn't** be better.
2. I **couldn't** be worse.
3. We **couldn't** be happier.
4. You **couldn't** be more wrong.

提案

1 私が手伝ってもいいよ。

2 私が代わりにしてあげてもいいよ。

3 私が代わりに彼に聞いてもいいよ。

4 映画を観るのもいいしね。

5 出前をとるのもいいしね。

6 海に行くのもいいしね。

7 また別のときにやってもいいしね。

8 やってみるのもいいんじゃない？

9 正直に話すのもいいんじゃない？

10 断るのもいいんじゃない？

「これ以上ない」

1 （私は）絶好調。

2 最悪だ。

3 私たちは最高に幸せ。

4 その発言、完全に間違ってます。

表現パターン
パターン52 〈would (1)〉

1. I would go if it was in Tokyo.
2. I would go if you were going.
3. I would go if I wasn't working.
4. I would go if it wasn't raining.
5. She would come if she wasn't busy.
6. I would be rich if I had saved money.
7. What would you do if you won $6 million?
8. Where would you live if you could live anywhere?
9. We wouldn't work out.
10. You'd be surprised.
11. She would just say no.
12. He wouldn't come.
13. It wouldn't be a problem.
14. Where would we live?
15. How would we make money?
16. What would I say?

「…するのに」

1. 東京で行われるなら行くのにな。
2. 君が行くんだったら行くのにな。
3. 仕事じゃなければ行くのにな。
4. 雨が降ってなければ行くのにな。
5. 忙しくなければ彼女は来るのにな。
6. 貯金をちゃんとしていたら今ごろお金持ちなのにな。
7. 600万ドルが当たったら何をする？
8. どこにでも住めるとしたらどこに住む？
9. （付き合ったとしても）うまくいかない。
10. （本当のことを知れば）君はびっくりするだろう。
11. （告白したとしても）彼女は断るだろう。
12. （誘ったとしても）彼は来ないだろう。
13. （もしやったとしても）問題にはならなそう。
14. （行かないけど行ったとしても）どこに住むの？
15. （そうした場合）どうやって稼ぐの？
16. （何も言わないけど言ったとすると）何を言うの？

表現パターン
パターン53 〈would (2)〉

1. What would you do?
2. Where would you go?
3. What would you say?
4. I would say yes.
5. I would do it anyway.
6. I would be happy.
7. I wouldn't complain.
8. I wouldn't tell him.
9. I wouldn't break up.

表現パターン
パターン54 〈would (3)〉

1. Why would I do that?!
2. Why would I lie?!
3. Who would buy that?!
4. Who would believe that?!
5. Who would go out with him?!
6. Who wouldn't be angry?!
7. Who wouldn't wanna be rich?!
8. Who wouldn't be happy?!

アドバイス

1 君ならどうする?
2 君ならどこに行く?
3 君なら何と言う?
4 私だったらYesかな。
5 私だったら、それでもやるね。
6 私だったらうれしいけどね。
7 私だったら文句を言わないな。
8 私だったら彼には黙っているかな。
9 私だったら別れないな。

「まさか!」

1 いったいなんで私がそんなことするわけ?!
2 なんで私がうそをつくわけ?!
3 だれがそんなもん買うの?!
4 いったいだれがそんなの信じるわけ?!
5 いったいだれが彼なんかと付き合うの?!
6 だれだって怒るよ、それは。
7 だれだってお金持ちにはなりたいよ。
8 だれだってうれしいでしょう、それは。

❸ 過去の仮の話なら should've / could've / would've

過去の仮の話は「二重過去」

「来ればよかったのに!」「行けたのにな」「それを知っていれば行ったのに」のように、実際には起きなかった「過去の仮の話」も本当によくします。should've（シュドゥヴ）、could've（クドゥヴ）、would've（ウドゥヴ）は、発音が似ているだけではなくて、どれも「過去の仮の話」を表すときに使われます。

そして、使い方も同じです。過去分詞（done / gone / been など）を続けるので、ちょっと難しいです。少なくても一番よく使われる動詞の過去分詞は覚えておきましょう。

原形		過去分詞
go	→	**gone**
get	→	**gotten**
do	→	**done**
be	→	**been**
have	→	**had**

英語では、現在の仮の話を過去形で言います。過去のことではないのに過去形です。過去の仮の話ならそれをもう1回過去、つまり、二重過去にします。

現在	過去	二重過去
shall →	**should** →	**should've**
can →	**could** →	**could've**
will →	**would** →	**would've**

　理屈を意識せずに、たとえば I should've をそのまま、1つの決まった言い回しとして覚えるのが一番です。「なぜこう言う?」ではなく、次の2点を考えます。

・どういう意味なのか→…すべきだった
・どう使うか→過去分詞を続ける

　たとえば、「行けばよかったな!」は、

I should've gone.

と言います。実際は行ってないので、これは「過去の仮の話」になります。

　「君も来ればよかったのに!」は、

You should've come!

と言います。実際は来なかったので、「過去の仮の話」。なお、come の過去分詞は come (現在形と同じ形)です。

I should've gone earlier!「もっと早く行けばよかった！」

形容詞の比較級と一緒に使われることも非常に多いです。

I should've gone to bed earlier.
もっと早く寝ればよかった。

I should've been more careful.
もっと気をつけるべきだった。

仮定法は「実際はしなかったこと」を表すと説明をしましたね。この場合も少し感覚が違いますが、同じ「過去の仮の話」です。たとえば、

I should've gone to bed.
寝ればよかった。

は、実際は寝なかった人のセリフで、「過去の仮の話」です。これに対して、

I should've gone to bed earlier.
もっと早く寝ればよかった。

は、寝たことは寝たのですが、実際には「早くは寝てない」ので、上と同じ「過去の仮の話」になります。

> **I shouldn't have gone!「行かなきゃよかった！」**

I shouldn't have (done).
…すべきじゃなかった／…しなきゃよかった。

という言い方もよくします。「shouldn't have＋過去分詞」という形です。発音は「シュドゥヌヴ」と何となくフランス語っぽい。「行かなきゃよかった」と言っている人は、実際には行った人なので、これも「過去の仮の話」になります。

たとえば、

I shouldn't have said that.
それを言うべきじゃなかった。

と反省するときにも、

I shouldn't have bought this.
これを買わなきゃよかった。

と後悔するときにも、よく使う言い方です。

「すればよかった」の場合は「もっと（比較級）」を付けることが多いのですが、「しなきゃよかった」の場合はよく「あんなに」を付けます。「あんなに」は so と言います。

I shouldn't have gone to bed so late.
あんなに遅くに寝なきゃよかった。

I shouldn't have been so rude.
あんな失礼な態度をとるべきじゃなかった。

I could've gone!「行けたのに！」

could は can の過去形です。can は、
・できる
・してもいい
・あり得る
といろいろな意味で使われます。

could've も、
・できたのにな
・してもよかったのにな
・ありえたのにな

といろいろな意味で使われます。「could have ＋過去分詞」の形にして、次のように、「過去の仮の話」をします。

I could've gone!
行けたのにな。

I could've helped you.
手伝ってあげてもよかったのに。

英語は日本語より「時制」にうるさい

前著『中学レベルの英単語でネイティブとペラペラ話せる本』のChapter 1で紹介したように、単語の使い分けに関しては英語より日本語のほうが細かいのですが、時制の使い分けに関しては英語のほうが日本語より細かいです。たとえば、

What do you do?
普段何をしていますか？

What are you doing?
今何をしていますか？

と、日本語では単語（「普段」と「今」）を使い分けて区別しているが、時制の部分は同じ「していますか？」です。英語では時制を使い分けて区別しているが、「普段」、「今」という単語は使いません。

I go to the gym.
ジムに通っています。

I'm going to the gym.
今ジムに向かっています。

　日本語では「通う」、「向かう」と単語を使い分けて区別していますが、時制の部分は「普段のこと」も「今のこと」も、どちらも「っています」と使い分けがありません。英語では「通う」も「向かう」もどちらも go と単語の使い分けはありませんが、時制の使い分けで区別しています。

　ここで、同じ概念をもう少し難しい例で紹介します。

Example 1:

I could've helped.
言ってくれれば手伝ったのに。

　実際に手伝った場合も、実際は手伝わなかった場合も、日本語では「手伝ったのに」と言います。
・手伝ったのに(お礼を言ってくれなかった)。
・(言ってくれれば)手伝ったのに。

　英語では、そういうところを必ず区別します。

実際に手伝った場合は、過去形で、

I helped.

実際は手伝ってない場合は、「could've ＋過去分詞」で、

I could've helped.

と言います。I could've helped.と時制を区別するだけで「言ってくれれば」という意味が含まれ、if you had askedと言う必要はないのです。

Example 2:

You could've told me that earlier!
それを早く言ってよ!

日本語の場合は過去に対しても命令文を使いますが、時制にうるさい英語ではこれからのことにしか使いません。日本語の「それを早く言ってよ!」のように、過去に対して使う命令文を英語にすると、

You could've...

となります。直訳すると「それをもっと早く言うことができたで

しょ!」ということです。

　余談ですが、ぼくも日本に来たばかりのころに、日本語と英語のこういう違いがあることを知らずにいろんな誤解をしました。たとえば、「1人で家を掃除したよ」と言ったときに、「私が手伝ったのに!」と言われて、「は?! 全然手伝ってないじゃん!」と噛み合わずケンカに。みなさんも I could've helped. と言うところを、間違えて I helped. と言ってしまうとまったく同じ誤解を招きます。

　または、「それを早く言ってよ」と言われたときに、(英語では命令文はこれからのことにしか使えないから)、「言ったじゃん、今」と不思議に思いました。もう一度早口で繰り返してほしいのかなとしか思えなかったのです。

実際はなかったことだけど「ありえた」

　たとえば、崖などでふざけて後ろから「わ!」と驚かすヤカラがいます。そのときは、

I could've died!

と言います。これは「死ねたのにな」という意味ではなくて、「危ないよ! ぼく、今死んだかもしれないんだぞ!」という意味です。つまり、実際は死ななかったが、「死ぬこと」が「ありえた」と表現するのです。

他にも、

I could've met someone!
だれかと出会ったかもしれないのに。（出会ってない）

He could've found out.
彼にバレたかもしれないんだぞ！（バレてない）

のような言い方があります。

否定形couldn't haveもあります

I couldn't have done it without you.
君なしではできなかったよ。

は、実際には、「君がいた」、そして「できた」ので、「過去の仮の話」。また、「…はどうだったの？」と聞かれたとき、よく

It couldn't have been better.
最高だったよ。

と答えます。直訳は「よりいい…はあり得なかった」、つまり、「最高だった」という意味です。逆に、

It couldn't have been worse.
最悪だった。

と言えば、「それ以上悪いことはあり得なかった」、つまり、「最悪だった」という意味になります。

I would've gone. 「行ったのにな」

would've は could've と意味が似ていて、どちらでもいい場合もありますが、could've は「できたのにな」、would've は「したのにな」と多少意味が異なります。

203ページで紹介した「アドバイスする」would を使って、

I would've gone.
私だったら行ったな。

と過去のことに対してアドバイスすることもできます。

他にもこんな言い方があります。

I would've been angry.
私だったら怒っていた。

I would've said no.
私だったら断っていた。

I would've はだいたい if I had (done) と一緒に使う

if I had (done) は「もし…したのなら」と、「過去の仮の話」を表します。I wish を過去のことに対して使うときと同じ「過去完了形（二重過去）」になります。過去完了形だと意識せずに、パターンとして覚えるのが一番です。

I would've (done) if I had (done).
もし…していたら、…したのにな。

過去分詞を使うので少し難しいのですが、逆に簡単な面もあります。I を You / He / She / We / They などに置き換えても、would've (done) の部分は変わりません。つまり、主語による活用はないから楽です。if I had (done) の I も同様。そういう意味で、現在形よりも簡単ですね。

I would've gone if I had known.
それを知ってたら行ったのに。

We would've made it if

you had come on time.
君が時間通りに来ていれば私たちは間に合ったのにな。

また、

I would have (done) if I hadn't (done).
もし…しなかったのなら…したのにな。

I wouldn't have (done) if I hadn't (done).
もし…しなかったのなら…しなかったのにな。

と否定の要素を入れることもできます。

I would've gone if it hadn't rained.
雨が降らなければ行ったのにな。

I wouldn't have gone if you hadn't invited me.
君が誘ってくれなければ行かなかった。

ちょっと変な話ですが、この形は夫婦げんかで本当によく使われます。たとえば、「あのときあんたがそうしなければこうはならな

かったのに!」など、今からそんなことを言ってもしょうがないのに文句を言う感じです。

A: We wouldn't have broken up if you hadn't cheated!
あんたが浮気しなければ別れなかったのに!

B: I wouldn't have cheated if you had been kind!
君がもっと優しければ俺だって浮気してないし!

ここで、うちの両親の本当にあった夫婦げんかを紹介します。母は運転がへたです。普段は父が運転しているのですが、母の運転で交通事故にあったとき、こんなやり取りがありました。

父: We wouldn't have had an accident if I had driven.
俺が運転してれば事故にあわなかったのにな。

母: I wouldn't have driven if you hadn't been drunk!
あんたが酔っ払ってなければ私だって運転してないわよ!

表現パターン
パターン55 〈I should've＋過去分詞〉

1. I should've gone.
2. I should've told you.
3. I should've known.
4. I should've asked her out.
5. I should've said no.
6. You should've come.
7. You should've told me.
8. You should've done that yesterday.
9. We should've checked first.
10. We should've invited Dave.
11. We should've seen something else.
12. I should've studied more.
13. I should've gone to bed earlier.
14. I should've been more careful.
15. You should've gotten up earlier.
16. We should've bought more beer.

「…すべきだった」

1 行くべきだった。
2 君に言うべきだった。
3 気づけばよかったな。
4 彼女をデートに誘えばよかった。
5 断ればよかった。
6 君も来ればよかったのに。
7 言ってくれればよかったのに。
8 それは昨日すべきだったよ。
9 先に確認すべきだったね。
10 Daveも誘えばよかったね。
11 違うのを観ればよかったね。
12 もっと勉強すればよかった。
13 もっと早く寝ればよかった。
14 もっと気をつけるべきだった。
15 もっと早く起きればよかったのに。
16 ビールをもっと買うべきだったね。

表現パターン
パターン56 〈I shouldn't have＋過去分詞〉

1. I shouldn't have asked.
2. I shouldn't have said that.
3. I shouldn't have been rude.
4. I shouldn't have bought this.
5. I shouldn't have trusted him.
6. You shouldn't have told him.
7. You shouldn't have gone out with him.
8. You shouldn't have cheated.
9. We shouldn't have agreed to do it.
10. We shouldn't have driven.
11. I shouldn't have drunk so much.
12. I shouldn't have eaten so much.
13. I shouldn't have spent so much money.
14. I shouldn't have gotten up so late.
15. You shouldn't have been so lazy.

「…しなきゃよかった」

1 聞くんじゃなかった。
2 それを言うべきじゃなかった
3 失礼な態度をとるべきじゃなかった。
4 これ、買わなきゃよかった。
5 彼を信用しなきゃよかった。
6 彼に言うべきじゃなかったよ。
7 彼と付き合わなきゃよかったのに。
8 浮気しなければよかったのに。
9 この仕事を引き受けなければよかったね。
10 車で来なきゃよかったね。
11 あんなに飲まなきゃよかった。
12 あんなに食べなきゃよかった。
13 あんなにお金を使わなきゃよかった。
14 あんなに遅くに起きるべきじゃなかった。
15 あんなになまけなければよかったのに。

表現パターン
パターン57 〈I could've＋過去分詞〉

1. I could've gone.
2. I could've helped.
3. You could've called first.
4. You could've invited me!
5. You could've told me that earlier!
6. I could've died!
7. I could've met someone.
8. You could've broken it!
9. We could've had an accident.
10. He could've found out.
11. It could've been much easier.
12. It could've been worse.
13. I couldn't have done it without you.
14. It couldn't have been better.
15. It couldn't have been worse.
16. We couldn't have been luckier with the weather.

「…できたのに」「…してもよかったのに」
「…することもありえた」

1. 行けたのにな。
2. (言ってくれれば)私も手伝ったのに。
3. 前もって電話くらいしてよ。
   (過去のことに対して)
4. 私も誘ってよ！(過去のことに対して)
5. もっと早く言ってよ！(過去のことに対して)
6. 俺、死んでたかもしれないんだぞ！
7. だれかと出会えたかもしれないのに！
8. 壊したかもしれないんだぞ！
9. 事故にあったかもしれないんだぞ！
10. 彼にバレたかもしれないんだぞ！
11. もっともっと簡単にできたのにな。
12. もっと最悪なことだってありえた。
    (ポジティブ)
13. 君なしではできなかったよ。
14. 最高だったよ。
15. 最悪だったよ。
16. 最高の天気に恵まれたよ。

表現パターン
パターン58 〈I would've＋過去分詞（＋if I had＋過去分詞）〉

1. I would've complained.
2. I would've been angry.
3. I would've said no.
4. I wouldn't have done that.
5. I would've gone if he had gone.
6. I would've gone if I had had time.
7. He would've come if you had invited him.
8. She would've said yes if you had asked her.
9. I would've bought it if it had been cheaper.
10. I would've gone if it hadn't rained.
11. I would've gone if I hadn't been busy.
12. I wouldn't have gone if I had known.
13. This wouldn't have happened if you had been more careful.
14. We wouldn't have had an accident if I had driven.
15. We wouldn't have broken up if he hadn't cheated.
16. I wouldn't have driven if you hadn't been drunk.

「(…だったなら)…したのにな」

1 私だったらクレームしたな。
2 私だったら怒ったね。
3 私だったら断ったね。
4 私だったらそうしなかったな。
5 彼が行ってたら私も行ったけどね。
6 時間があれば行ったのにな。
7 君が彼を誘っていれば彼は来たのに。
8 彼女に頼めばきっとOKだったのに。
9 もっと安ければ買ったのにな。
10 雨が降らなかったら行ったのに。
11 忙しくなければ行ったのにな。
12 それを知っていれば行かなかったのに。
13 もっと気をつけていればこうならなかったのに。
14 俺が運転していれば事故にあわなかったのに。
15 彼が浮気してなければ別れなかったのに。
16 あんたが酔っ払ってなければ私だって運転してないよ。

COLUMN

wasではなくて
wereじゃないの？

　受験勉強では、仮定法の if 節内では be 動詞の過去形は全部 were で、was では間違いになると教わったかと思います。厳密に言うとそれは正しいです。

　しかし、それを守っているネイティブはほとんどいません。実際の英語では、普段の過去形と同じようにしている人がほとんどです。つまり、正式には

I wish he were single.

ですが、実際には

I wish he was single.

が一般的。日常会話だけでなく、ビジネスで使うちゃんとした文書や、テレビのニュース番組、政治家のスピーチなどでも後者が一般的で、どちらも使われています。

　ある意味では主語に関係なく全部 were で言うのが簡単なのですが、逆に普段の過去形と仮定法の過去形を区別せずに使うほうが簡単だという考え方もあります。実際の英語では、どちらも正解になります。自分にとって簡単に感じるほうを選びましょう。

INDEX

■**数字の見方例** 39-3 168
→表現パターン39の3番目の例文で、168ページに掲載されているという意味です。

あ

- 会おうか？ ……………… 7-3 036
- 明日は雨が降るの？ ……… 12-8 046
- 明日は仕事しなくてもいいんだ
   …………………………… 4-1 032
- 明日は天気がよさそうだよ … 27-6 158
- 味付けし忘れたようだ …… 37-2 166
- 味は大丈夫かしら？ ……… 35-6 166
- 味はどう？ ……………… 35-7 166
- 遊びに行きたかった ……… 17-6 114
- 遊びに行くの？ …………… 12-3 046
- 遊びに行ったの？ ………… 11-3 044
- 頭悪そうだね ……………… 30-6 162
- 新しいことをやってみた …… 14-2 110
- あなたのうちに泊まっているの？
   …………………………… 10-7 042
- 危ないことしたことある？ … 24-10 130
- 危ないことをしちゃった …… 14-3 110
- 雨が降ってなければいいのにな
   …………………………… 43-9 188
- 雨が降ってなければ行くのにな
   …………………………… 52-4 214
- 雨が降らなかったら行ったのに
   …………………………… 58-10 238
- 雨が降りそうだね ………… 27-5 158
- 雨が降りそうな匂いがする
   …………………………… 34-2 164
- 雨が降るとは思っていなかった
   …………………………… 23-11 120
- 雨がやんでほしいな ……… 45-2 190
- あんたが酔っ払ってなければ私
   だって運転してないよ … 58-16 238
- あんなにお金を使わなきゃよかった
   …………………………… 56-13 234
- あんなに遅くに起きるべきじゃ
   なかった ……………… 56-14 234
- あんなに遅くまで仕事をして
   いなければな ………… 42-15 186
- あんな遠くに住んでなければな
   …………………………… 42-14 186
- あんなに食べなきゃよかった
   …………………………… 56-12 234
- あんなになまけなければよかったのに
   …………………………… 56-15 234
- あんなに飲まなきゃよかった …
   …………………………… 56-11 234

い

- いい人そうじゃん ………… 29-12 160
- いい人そうだね …………… 26-7 156
- いい人そうだね …………… 27-3 158
- いい人そうだね …………… 30-5 162
- 言うことは聞かないほうがいいよ
   …………………………… 47-6 208
- 言うつもりだったけど、忘れちゃった
   …………………………… 21-1 118
- 言うべきじゃなかった …… 56-2 234
- 言うべきじゃなかったよ …… 56-6 234
- 言うべきだった …………… 55-2 232
- 行かないでくれる？ ……… 2-7 030
- 行かなくてもいい？ ……… 1-7 030
- 行かなくてもよかった …… 20-1 116
- 行きたくない ……………… 6-1 034

- 行きたくないと言えば……… 25-12 132
- 行きたくなかった…………… 18-1 114
- 行きたくなかった…………… 18-8 114
- 行きたくなさそうな言い方だね
  …………………………… 31-7 162
- 行きたくなさそうな顔をしているね
  …………………………… 28-6 158
- 行くつもりだったけど、忙しかった
  …………………………… 21-2 118
- 行くのをやめようか? ……… 7-7 036
- 行くべきだった……………… 55-1 232
- 行けたのな ………………… 57-1 236
- 忙しいと言えば… ………… 25-9 132
- 忙しくないと言えば………… 25-13 132
- 忙しくなければ行ったのにな …
  …………………………… 58-11 238
- 忙しくなければ彼女は来るのにな
  …………………………… 52-5 214
- 1時間しかかからないはず
  …………………………… 48-3 208
- いつ終わるの? …………… 12-15 046
- 一緒にいればよかったのにな
  …………………………… 43-3 188
- 行ったとしてもどこに住むの?
  …………………………… 52-14 214
- 言ったとすると何を言うの?
  …………………………… 52-16 214
- 行ったほうがいいよ ……… 47-1 208
- 言っていることがうちの母親と同じ
  …………………………… 30-4 162
- 言ってくれればよかったのに
  …………………………… 55-7 232
- 行ってもいい?……………… 1-1 030
- いつも残業じゃなければよかった
  のにな …………………… 42-12 186
- いつもどこで遊んでいるの?
  …………………………… 9-11 040
- いつもと違うことがしたい気分
  …………………………… 40-4 170
- いつ別れたの? …………… 11-15 044
- イビキをかく人じゃなければいい
  のにな …………………… 42-13 186
- 言わないでおこうと思ってたけど…
  …………………………… 22-1 118
- 言わないほうがいいよ …… 47-5 208
- インスタントコーヒーの味はしない
  …………………………… 36-4 166

う

- 受かることができるよ ……… 49-6 210
- うっとうしいことがあった … 13-4 110
- うまくいってそうだね ……… 31-3 162
- 生まれ変わった気分だ!…… 39-1 168
- 海に行くつもりだったけど、
  雨が降っちゃった ……… 21-3 118
- 海に行くのもいいしね……… 50-6 212
- 海に行こうか?……………… 7-5 036
- うるさくしてなければいいのに
  ……………………………43-16 188
- 浮気してそうだね ………… 31-2 162
- 浮気しなければよかったのに
  …………………………… 56-8 234
- 運転しなくてもよかった …… 20-3 116

え

- 映画と言えば… …………… 25-4 132
- 映画は何を観ようか?……… 7-15 036
- 映画を観に行こうか?……… 7-4 036
- 映画を観るのもいいしね … 50-4 212
- 英語が話せたらいいのにな
  …………………………… 42-9 186
- LAに行きたい……………… 5-3 034

お

- おいしい ……………………… 35-1 166
- おいしそうな匂いがする …… 32-1 164
- OKするとは思わなかった … 23-16 120
- オールするつもりじゃなかったけど、あまりにも楽しくて …… 22-4 118
- お金持ちだったらいいのにな … ……………………………… 42-1 186
- お金をおろさなきゃいけない … ……………………………… 3-5 032
- お金を使わずにすんだ …… 20-5 116
- お金を持ってそうだね ……… 29-11 160
- 起きたくない ………………… 6-4 034
- 送ってくれれば行けるのにな … ……………………………… 49-1 210
- 遅れて行ってもいい? ……… 1-5 030
- 怒られたくないな …………… 6-3 034
- 怒られたの? ………………… 11-4 044
- 怒られると言えば… ………… 25-6 132
- 起こりうることだよ ………… 49-8 210
- 怒るつもりじゃなかった …… 22-8 118
- 怒ると思っていた …………… 23-5 120
- お酒臭いよ! ………………… 33-1 164
- お酒は飲むの? ……………… 9-2 040
- お酒を飲みたい気分じゃなかった ……………………………… 18-4 114
- 教えてほしいな ……………… 45-1 190
- 落ち込んでいる ……………… 38-2 168
- お父さんに似ているね ……… 27-1 158
- 弟にも同じことがあった …… 24-2 130
- 大人っぽく見られたい ……… 26-16 156
- 同じ経験ある? ……………… 24-5 130
- 同じような経験ある? ……… 24-6 130
- お似合いだね ………………… 26-6 156
- おもしろいことがあった …… 13-6 110
- おもしろいことを言っていた ……………………………… 14-5 110
- おもしろそうだね …………… 29-6 160
- 折り返し電話をくれる? …… 2-2 030
- 俺が運転していれば事故にあわなかったのに ……… 58-14 238
- 俺、体臭大丈夫? …………… 32-8 164

か

- 外国人のなまりがないね … 30-8 162
- 会社に行かなきゃいけない ……………………………… 3-1 032
- 会社に向かう途中、祝日だと気づいた …………………… 16-8 112
- 会社に向かってるの? ……… 10-3 042
- 会社のあとはいつも何してるの? ……………………………… 9-16 040
- 会社を辞めてなければよかったのになあ …………………… 46-13 192
- 外出しなくてもいいよ ……… 4-5 032
- 外食しようか? ……………… 7-2 036
- 外食中? ……………………… 10-8 042
- 買い物に行くの? …………… 12-7 046
- 帰ってもいい? ……………… 1-2 030
- 帰らなきゃいけなかった …… 19-8 116
- 帰らなくても大丈夫 ………… 4-3 032
- 帰りたい? …………………… 7-6 036
- 顔色が悪いよ ………………… 26-3 156
- 顔が疲れているよ …………… 26-1 156
- 確認すべきだったね ………… 55-9 232
- 賢くやらなきゃいけない …… 3-7 032
- 賢そうじゃないね …………… 29-14 160
- 格好が超素敵! ……………… 26-4 156
- 勝ってほしかったのになぁ … 46-8 192
- 家庭料理の味がする ………… 36-2 166
- 悲しそうな顔をしないで …… 26-13 156
- 彼女に頼めばきっとOKだったのに ……………………………… 58-8 238

- 彼女にはバレてないようだね … ………………………… 28-2 158
- 彼女にバレた？ ………… 11-6 044
- 彼女のことを考えてたら、彼女から電話がかかってきた … 16-4 112
- 彼女も来るの？ ………… 12-6 046
- 髪の毛を切りに行きたい … 5-2 034
- 借りてもいい？ ………………… 1-3 030
- 彼が行ってたら私も行ったけどね ………………………… 58-5 238
- 彼が浮気してなければ別れなかったのに ……… 58-15 238
- 彼が運転するの？ ……… 12-5 046
- 彼氏はいるの？ ………… 9-8 040
- 彼と付き合いたい ……… 5-4 034
- 彼に言わないでくれる？ …… 2-8 030
- 彼も来たの？ ……………… 11-5 044
- 彼も来るはずだったけど、仕事が入っちゃった …… 21-8 118
- 彼らは付き合ってるの？ …… 10-4 042
- 買わなきゃよかった ……… 56-4 234
- 買わなければよかったな … 46-12 192
- 代わりに聞いてもいいよ … 50-3 212
- 代わりにしてあげてもいいよ … ………………………… 50-2 212
- 感触が柔らかい ………… 38-4 168
- 完全に間違ってます ……… 51-4 212
- がんばれば成功できるのになぁ ………………………… 49-3 210

き

- 聞いておいてあげようか？ … 8-8 038
- 聞いてるの？ …………… 10-1 042
- 聞くんじゃなかった ……… 56-1 234
- 来たがっていた ………… 17-8 114

- 喫煙者じゃなければいいのにな ………………………… 42-10 186
- 喫煙者なの？ …………… 9-5 040
- 気づかれないと思っていた ………………………… 23-14 120
- 気づけばよかったな …… 55-3 232
- 気に入ったようだね …… 31-8 162
- 気にしないと思っていた …… 23-10 120
- 気にしないはず ………… 48-6 208
- 昨日すべきだったよ …… 55-8 232
- 気分がいい！ …………… 38-1 168
- 気分はどう？ …………… 38-7 168
- 君が行くんだったら行くのにな ………………………… 52-2 214
- 君が彼を誘っていれば彼は来たのに ……………… 58-7 238
- 君なしではできなかったよ … 57-13 236
- 君ならどうする？ ……… 53-1 216
- 君ならどこに行く？ …… 53-2 216
- 君なら何と言う？ ……… 53-3 216
- 君も行くの？ …………… 12-1 046
- 君も行ったの？ ………… 11-2 044
- 君も来ればいいのにな … 44-2 190
- 君も来ればよかったのに … 46-2 192
- 君も来ればよかったのに … 55-6 232
- 気持ちいい ……………… 38-5 168
- 牛乳が腐っている臭いがする ………………………… 32-4 164
- 今日が土曜日だったらいいのに ………………………… 43-5 188
- 今日、車なの？ ………… 10-6 042
- 今日は夏みたいだね …… 39-4 168
- 気をつけたほうがいいよ …… 47-3 208
- 気をつけなきゃいけない …… 3-6 032

く

- 臭い ……………………………… 32-2 164
- 腐ってなさそうだね ………… 32-7 164
- 靴を買いたかった …………… 17-5 114
- 悔しかった！ ………………… 39-2 168
- 来ると思っていた …………… 23-1 120
- 車さえあればな ……………… 42-5 186
- 車で来なきゃよかったね …… 56-10 234
- 車で道路を走ってたら、車に
  ぶつけられた ……………… 16-3 112

け

- 景気がもっとよければいいのにな
  ……………………………… 42-4 186
- 結婚したかった ……………… 17-7 114
- 結婚している気分だ ………… 41-2 170
- 結婚する気はなかった ……… 22-3 118
- 結婚するつもりだったけど、
  別れちゃった ……………… 21-7 118
- 結婚すると言えば… ………… 25-7 132
- 元気そうだね ………………… 26-2 156

こ

- 効果はあったの？ …………… 11-8 044
- 声が疲れているよ …………… 29-8 160
- 告白したとしても彼女は断るだろう
  ……………………………… 52-11 214
- 答えがYesだったらよかったのにな
  ……………………………… 46-3 192
- 答えなくていいよ …………… 4-7 032
- 子どもがいるようには見えない
  ……………………………… 27-2 158
- 断るのもいいんじゃない？ … 50-10 212
- 断ればよかった ……………… 55-5 232
- 来ないでほしいのにな …… 44-6 190
- 来ないと思っていた ………… 23-9 120
- この提案でどう？ …………… 29-16 160
- ご飯を作る必要はなかった
  ……………………………… 20-4 116
- ゴルフはやるの？ …………… 9-6 040
- 怖いことがあった …………… 13-5 110
- 怖い目にあったことある？ … 24-7 130
- 壊したかもしれないんだぞ！
  ……………………………… 57-8 236
- 壊すつもりじゃなかった …… 22-5 118
- コンタクトしているの？ …… 10-2 042
- こんなに忙しくなければいいのに
  ……………………………… 42-11 186
- こんなに寒くなければよかったのに
  ……………………………… 43-13 188
- こんなに高いとは思ってなかった
  ……………………………… 23-12 120
- こんなに人が多いとは思ってなかった
  ……………………………… 23-13 120
- こんなに酔ってなければよかった
  のにな …………………… 43-12 188

さ

- 最悪だ ………………………… 51-2 212
- 最悪だったよ ………………… 57-15 236
- 最高だったよ ………………… 57-14 236
- 最高に幸せ …………………… 51-3 212
- 最高の天気に恵まれたよ … 57-16 236
- 誘えばよかったね ………… 55-10 232
- 誘ったとしても彼は来ないだろう
  ……………………………… 52-12 214
- 誘わないでおこうか？ ……… 7-8 036
- 皿洗いをしてくれる？ ……… 2-3 030
- 残業しなきゃいけない ……… 3-3 032

- 残業しなきゃいけなかった
  .... 19-7 116
- 残業代がもらえたらいいのにな
  .... 42-7 186
- 30歳になった感じがしない
  .... 38-6 168
- 30歳には見えない 26-11 156

し

- 幸せそうだね 26-5 156
- 幸せそうだね 29-10 160
- 幸せになりたい 5-7 034
- 時間があるのかと思ってた
  .... 23-6 120
- 時間があれば行けるのにな
  .... 49-2 210
- 時間があれば行ったのにな
  .... 58-6 238
- 時間通りに行かなくても大丈夫
  .... 4-6 032
- 仕事がもっと早く終わるはずだった
  けど、お客さんから電話があった
  .... 21-5 118
- 仕事している感じがしない
  .... 41-5 170
- 仕事しなきゃいけなかった
  .... 19-1 116
- 仕事じゃなければいいのにな
  .... 44-5 190
- 仕事じゃなければ行くのにな
  .... 52-3 214
- 仕事じゃなければよかったのに
  .... 43-10 188
- 仕事中? 10-5 042
- 仕事と言えば… 25-3 132

- 仕事は何時に終わったの?
  .... 11-12 044
- 仕事をしなくてもよかった
  .... 20-2 116
- 仕事を辞めればいいのに ... 45-5 190
- 事故にあったかもしれないんだぞ!
  .... 57-9 236
- 自信を持ちたい 5-8 034
- 失礼なことはしたくない 6-8 034
- 失礼なことを言いたくなかった
  .... 18-3 114
- 失礼な態度をとるべきじゃなかった
  .... 56-3 234
- ジムに通っているの? 9-3 040
- 締め切りに間に合いそうだね
  .... 28-8 158
- 締め切りに間に合わせなきゃ
  いけない 3-4 032
- シャワーを浴びてない臭いがする
  .... 34-1 164
- 手術しなきゃいけなかった
  .... 19-5 116
- 昇格が決まったらよかったのにな
  .... 46-7 192
- 上司が残業する人を探してたら、
  私がOKしちゃった 16-2 112
- 正直に答えてもいい? 1-6 030
- 正直に話したかった 17-3 114
- 正直に話すのもいいんじゃない?
  .... 50-9 212
- 職についてますか? 9-7 040
- 女性の香水の匂いがした ... 33-4 164
- 調べてあげようか? 8-2 038
- シルクのような感触だ 39-3 168
- 新鮮な味がする 35-4 166
- 死んでたかもしれないんだぞ!
  .... 57-6 236

- 心配しなくても大丈夫 4-8 032
- 心配そうな顔をしないで 26-14 156
- 信用しなきゃよかった 56-5 234

す
- すごくいい香りがする 32-5 164
- 寿司は好きなの？ 9-4 040
- Starbucksにいたら、Tomokoに
  ばったり会っちゃった ... 16-7 112
- ずっと前からの知り合いのような
  気がする 41-3 170
- すべてがうまくいっているようだね
  .... 31-4 162

せ
- 絶好調 51-1 212
- 全然寝てない顔をしているね
  .... 28-7 158

そ
- そう言ってほしくなかったな
  .... 46-11 192
- 掃除してくれていれば楽なのにな
  .... 42-8 186
- そうした場合、どうやって稼ぐの？
  .... 52-15 214
- そうなると思っていた 23-8 120
- そうなれるよ 49-7 210
- そこまでは寒くないはずだよ
  .... 48-8 208
- その映画がよさそうだよ 26-10 156
- そのことがなければ
  よかったのにな 46-10 192
- その提案でいこう 30-2 162
- その提案はいいですね 29-1 160
- その話はしたくない 6-6 034
- その話をしたくなかった 18-2 114
- その2人は別れたの？ 11-7 044
- それを知っていれば
  行かなかったのに 58-12 238
- そんなに臭くない 32-6 164
- そんなに遅刻しないはずだね
  .... 48-7 208

た
- 大丈夫かと思っていた 23-3 120
- 大丈夫でしょう 48-2 208
- 大変じゃなさそうだね 29-13 160
- 大変そうだね 29-5 160
- 高そうだね 26-9 156
- 高そうだね 29-4 160
- 宝くじが当たっていれば
  よかったのにな 46-4 192
- タクシーで行かなきゃいけなかった
  .... 19-6 116
- 楽しいはずだよ 48-1 208
- 楽しかった？ 11-1 044
- 楽しかったようだね 28-1 158
- 楽しそうだね 30-1 162
- 楽しんでいるようだね 31-1 162
- タバコは吸わないほうがいいよ
  .... 47-8 208
- タバコを吸ってなければよかったのに
  .... 43-15 188
- タバコをやめてほしいな 45-6 190
- 黙っていてほしいな 45-3 190
- だれかが手伝ってくれていれば
  いいのにな 43-1 188

- だれが彼なんかと付き合うの？！
  .... 54-5 216
- だれがそんなの信じるわけ？！
  .... 54-4 216
- だれがそんなもん買うの？！
  .... 54-3 216
- だれが東京に来ると思う？ ... 15-8 110
- だれかと出会えたかもしれないのに！
  .... 57-7 236
- だれから電話があったと思う？
  .... 15-4 110
- だれだってうれしいでしょう、それは
  .... 54-8 216
- だれだってお金持ちにはなりたいよ
  .... 54-7 216
- だれだって怒るよ、それは ... 54-6 216
- だれと遊びに行くの？ 12-11 046
- だれとゴルフやってるの？ ... 10-14 042
- だれとしゃべってるの？ 10-16 042
- だれとランチすると思う？ ... 15-7 110
- だれに会ったと思う？ 15-3 110

ち

- 違うのを観ればよかったね
  .... 55-11 232
- チキンの味がする 36-1 166
- 遅刻したくなかった 18-6 114
- 遅刻するかと思った 23-4 120
- 遅刻すると言えば… 25-10 132
- 遅刻はしたくない 6-7 034
- 遅刻はできない 3-8 032
- 中華で気分じゃないな 40-5 170
- 超好かれていそうだね 31-5 162
- 超まずい！ 35-5 166
- 貯金をちゃんとしていたら今ごろ
  お金持ちなのにな 52-6 214

つ

- 使うつもりはなかった 22-2 118
- 付き合ったとしてもうまくいかない
  .... 52-9 214
- 付き合ってなければいいのにな
  .... 43-14 188
- 付き合わなきゃよかったのに
  .... 56-7 234

て

- デートに誘いたかった 17-4 114
- デートに誘えばよかった 55-4 232
- 出かける気分じゃない 40-6 170
- 手伝いましょうか？ 8-1 038
- 手伝ってくれる？ 2-1 030
- 手伝ってくれれば時間内に
  終わらせられるのにな ... 49-4 210
- 手伝ってもいいよ 50-1 212
- 出前をとるのもいいしね 50-5 212
- 転勤が決まってなければいいのにな
  .... 44-7 190
- 電車で本を読んでたら、
  乗り過ごしちゃった 16-6 112
- 転職したほうがいいよ 47-2 208

と

- トイレに行きたかった 19-2 116
- 東京で行われるなら行くのにな
  .... 52-1 214
- どうしてそうなったの？ 11-16 044
- どうしようか？ 7-9 036
- どうやってバレたの？ 11-13 044
- 得策じゃない感じがするな
  .... 30-7 162

- 独身だったらいいのにな …… 42-3 186
- どこ行くの？ ………………… 12-9 046
- どこかロマンチックなところに
  行きたい ……………………… 5-6 034
- どこで外食しようか？ ……… 7-13 036
- どこで買ったの？ …………… 11-11 044
- どこでゴルフをやるの？ …… 12-16 046
- どこでランチしてるの？ …… 10-13 042
- どこに行こうか？ …………… 7-10 036
- どこに行ったと思う？ ……… 15-1 110
- どこに行ったの？ …………… 11-10 044
- どこに住んでいるの？ ……… 9-13 040
- どこにでも住めるとしたらどこに住む？
  …………………………………… 52-8 214
- どこに泊まるの？ …………… 12-13 046
- どこに向かってるの？ ……… 10-15 042
- どこまで迎えにいけばいい？
  …………………………………… 8-15 038
- どのファイルを送ればいい？
  …………………………………… 8-16 038
- 友だちに会う約束があった
  …………………………………… 19-4 116
- 友だちも同じような目にあった
  …………………………………… 24-4 130
- どれくらいの頻度でゴルフするの？
  …………………………………… 9-14 040
- ドレスアップしたい気分 …… 40-3 170
- どんな味がするの？ ………… 36-5 166
- どんな音楽が好きなの？ …… 9-15 040
- どんな顔しているの？ ……… 27-8 158
- どんな気持ちなの？ ………… 38-8 168
- どんな話をするの？ ………… 12-12 046

な

- 泣きそうな顔をしているね
  …………………………………… 28-3 158
- 夏と言えば… ………………… 25-1 132
- 何か新しいことがしたい …… 5-5 034
- 何があったと思う？ ………… 15-5 110
- 何かいいことが起こりそうな気がする
  …………………………………… 41-1 170
- 何が言いたいの？ …………… 7-11 036
- 何か言いたそうだね ………… 28-5 158
- 何か持ってきてほしい？ …… 8-6 038
- 何かを言いたかった ………… 17-1 114
- 何してるの？ ………………… 10-9 042
- 何すると思う？ ……………… 15-6 110
- 何も持って行く必要はない
  …………………………………… 4-4 032
- 何も持っていく必要はなかった
  …………………………………… 20-6 116
- 何を買ったと思う？ ………… 15-2 110
- 何をしたい気分なの？ ……… 40-7 170
- 何をしたの？ ………………… 11-9 044
- 何をしましょうか？ ………… 8-9 038
- 何を食べたい気分なの？ …… 40-8 170
- 何を食べようか？ …………… 7-12 036
- 何を作るの？ ………………… 12-14 046
- 何を作ればいい？ …………… 8-13 038
- 何を飲んでるの？ …………… 10-10 042
- 何を観てるの？ ……………… 10-11 042
- 何を持っていけばいい？ …… 8-10 038
- 何キロやせたいの？ ………… 7-16 036
- 何歳に見える？ ……………… 26-18 156
- 何時に行けばいい？ ………… 8-11 038
- 何時に仕事が終わるの？ …… 9-12 040
- 何時に待ち合わせしようか？
  …………………………………… 7-14 036
- なんで私がうそをつくわけ？！
  …………………………………… 54-2 216
- なんで私がそんなことするわけ？！
  …………………………………… 54-1 216

- 何と言おうと思っているの？ ………………… 12-10 046
- 何と言ってた？ …………… 11-14 044
- 何と言ってほしいの？ ……… 8-14 038
- 何の話をしてるの？ ………… 10-12 042

に

- 似合う？ ………………… 26-17 156
- 二度と会えない感じがする ………………… 41-4 170
- 日本人には見えない ……… 26-12 156
- ニューヨークに行くという実感がない ………… 41-6 170

ね

- 熱があるね ……………… 38-3 168

の

- 飲みに行きたい …………… 5-1 034
- 飲みに行きたかった ……… 17-2 114
- ノルマは達成できそう？ …… 12-2 046

は

- Park Hyattに泊まっていればよかったのに ………………… 43-8 188
- 灰皿の臭いがする ………… 33-2 164
- バカなことしたことある？ … 24-11 130
- バカなことをしちゃった …… 14-1 110
- 恥ずかしい思いをした経験ある？ ………………… 24-8 130
- 恥ずかしいことがあった …… 13-2 110
- 恥ずかしいことを言っちゃった ………………… 14-4 110
- パソコンがフリーズしなければよかったのにな ………… 46-14 192
- 働かないと言えば… ……… 25-11 132
- 発音がアメリカ人みたい … 29-7 160
- 鼻声だね ………………… 29-9 160
- 話した内容が完璧だね！…… 29-2 160
- 話してもいい？ …………… 1-4 030
- 母が昔作っていた味だ …… 37-1 166
- 早起きしなきゃいけない …… 3-2 032
- 早めに帰らなきゃいけなかった ………………… 19-3 116
- バレたかもしれないんだぞ！ ………………… 57-10 236
- ハワイと言えば… ………… 25-2 132
- ハワイに行くはずだったが、キャンセルしなきゃいけなかった … 21-6 118
- ハワイに住んでたらよかったのにな ………………… 42-6 186

ひ

- ビートルズみたいだね ……… 30-3 162
- ビールが飲みたい気分 …… 40-2 170
- ビールは冷えているほうがうまい ………………… 35-2 166
- 引き受けなければよかったね ………………… 56-9 234
- 人がいっぱい来るはず …… 48-4 208
- 1人で行かないんだったらよかったのに …………… 44-8 190
- 病気じゃなければよかったのに ………………… 43-11 188

ふ

- ファイルを送ってあげようか？ ………………… 8-7 038

- 普段何をしている？ ………… 9-9　040
- 普段はどこで働いているの？
  …………………………… 9-10　040
- プロジェクトの話をしているときに、
  Mikeがおもしろいことを言った
  ……………………………… 16-5　112

へ

- 変かな？ ………………… 29-15　160
- 変な味がする ……………… 35-3　166
- 変なことがあった ………… 13-1　110
- 変な臭いがする …………… 32-3　164

ほ

- ぼくが皿洗いしようか？ …… 8-4　038
- 本気で言っている感じがするね
  ……………………………… 31-6　162
- 本当のことを知れば君は
  びっくりするだろう ……… 52-10　214
- 本物のバターの味がする … 36-3　166

ま

- 前もって電話くらいしてよ
  ……………………………… 57-3　236
- まじめに聞いてくれる？ …… 2-6　030
- まだ付き合っていればいいのにな
  ……………………………… 43-6　188
- また別のときにやってもいいしね
  ……………………………… 50-7　212
- まっすぐ帰るつもりだったけど、
  飲みに行っちゃった …… 21-4　118
- 待つ必要はなかった ……… 20-7　116

み

- 道を歩いてたら、男の人が
  話しかけてきた ………… 16-1　112
- ミルクの匂いがする ……… 33-3　164

む

- 迎えに行こうか？ …………… 8-5　038
- 無視するつもりはなかった
  ……………………………… 22-6　118
- 難しそうだね ……………… 29-3　160

め

- メールで送ってくれる？ …… 2-4　030

も

- もっと暖かい格好をしていれば
  よかった ………………… 43-2　188
- もっと暖かいところに行くんだったら
  いいのにな ……………… 44-4　190
- もっとうまくいっていればな
  ……………………………… 43-7　188
- もっとおもしろいと思ってた
  ……………………………… 23-7　120
- もっと買うべきだったね …… 55-16　232
- もっとがんばってもらいたいな
  ……………………………… 45-7　190
- もっと気をつけていればこうならな
  かったのに ……………… 58-13　238
- もっと気をつけるべきだった
  ……………………………… 55-14　232
- もっと気をつければよかったな
  ……………………………… 46-6　192
- もっと最悪なことだってありえた
  ……………………………… 57-12　236

INDEX **251**

- もっと時間があればいいのにな 43-4 188
- もっと背が高ければいいのにな 42-2 186
- もっと早く言ってほしかったのにな 46-5 192
- もっと早く言ってよ！ 57-5 236
- もっと早く起きればよかったのに 55-15 232
- もっと早く終わるのかと思っていた 23-2 120
- もっと早く帰ってきてほしいな 45-8 190
- もっと早く寝ればよかった 55-13 232
- もっと早ければいいのにな 44-3 190
- もっと勉強すればよかった 55-12 232
- もっともっと簡単にできたのにな 57-11 236
- もっとやさしくしたほうがいいよ 47-4 208
- もっと安ければ買ったのにな 58-9 238
- モデルみたいに見える 27-4 158
- 文句は言わないほうがいいよ 47-7 208
- 問題にならないはず 48-5 208

や

- 優しくしてくれる？ 2-5 030
- やったとしても問題にはならなそう 52-13 214
- やってみるのもいいんじゃない？ 50-8 212

ゆ

- 夕飯は作らなくてもいい？ ... 1-8 030
- 夕飯は作りたくないな 6-2 034
- 夕飯は作りたくなかった 18-5 114
- 夕飯は何時に作ればいいの？ 8-12 038
- 夕飯を作らなくてもいい 4-2 032

ら

- 来週は忙しそう？ 12-4 046
- ラッキーだった経験ある？ ... 24-9 130
- ラッキーなことがあった 13-3 110
- ランチしようか？ 7-1 036

り

- 料理はしますか？ 9-1 040
- 旅行すると言えば… 25-5 132

ろ

- 600万ドルが当たったら何をする？ 52-7 214

わ

- 若く見える 26-8 156
- 若く見られたい 26-15 156
- わかってたらよかったのにな 46-1 192
- 別れそうな気配だ 28-4 158
- 別れたくない 6-5 034
- 別れたくなかった 18-7 114
- 別れなければよかったのにな 46-9 192
- 別れると言えば… 25-8 132

- 別れるとは思ってもいなかった ········· 23-15 120
- 別れればいいのに ············ 45-4 190
- わざと怒らせたんじゃない ········· 22-7 118
- 和食が食べたい気分 ········· 40-1 170
- 私が夕飯を作ろうか？ ········· 8-3 038
- 私だったらYesかな ············ 53-4 216
- 私だったらうれしいけどね ········· 53-6 216
- 私だったら怒ったね ········· 58-2 238
- 私だったらクレームしたな ········· 58-1 238
- 私だったら断ったね ········· 58-3 238
- 私だったらそうしなかったな ········· 58-4 238
- 私だったら、それでもやるね ········· 53-5 216
- 私だったら黙っているかな ········· 53-8 216
- 私だったら文句を言わないな ········· 53-7 216
- 私だったら別れないな ····· 53-9 216
- 私だってそれはできる ········ 49-5 210
- 私にも同じことがあった ····· 24-1 130
- 私にも同じようなことがあった ········· 24-3 130
- 私は銀行に見えるか？ ····· 27-7 158
- 私も行きたいのにな！ ········ 44-1 190
- 私も誘ってよ！ ··············· 57-4 236
- 私も手伝ったのに ············ 57-2 236

[著者]
ニック・ウィリアムソン（Nic Williamson）
シドニー大学で神経心理学を専攻。同大学で3年間日本文学も勉強し、日本の文化にも明るい。在学中にオーストラリアの日本大使館が主催する全豪日本語弁論大会で優勝。日本の文部科学省の奨学金を得て、シドニー大学を卒業後、東京学芸大学に研究生として来日。
英語の講師としての14年間のキャリアの中で、英会話教室をはじめ、企業向け英語研修や大学の講義、SKYPerfect TVの番組の司会やラジオのDJ、数々の雑誌のコラムや6冊の英語本の執筆など、活動の場は幅広い。
ゼロから日本語を完璧に習得した経験と、大学で専攻していた神経心理学の知識をもとに、非常に効果的で効率的な独自の言語習得法を開発し、現在、englishLife（英会話教室・企業向け英語研修・メルマガ・アプリ）を経営。
主な著書に『たった40パターンで英会話！』『中学レベルの英単語でネイティブとペラペラ話せる本』（以上、ダイヤモンド社）などがある。

www.englishlife.jp

中学レベルの英単語でネイティブとサクサク話せる本［会話力編］

2013年5月16日　第1刷発行
2013年12月18日　第2刷発行

著　者──ニック・ウィリアムソン
発行所──ダイヤモンド社
　　　　　〒150-8409　東京都渋谷区神宮前 6-12-17
　　　　　http://www.diamond.co.jp/
　　　　　電話／ 03・5778・7234（編集）03・5778・7240（販売）
装丁―――萩原弦一郎（デジカルデザイン室）
イラスト――大塚たかみつ
本文デザイン・DTP―玉造能之（デジカルデザイン室）
編集協力――霜村和久
製作進行――ダイヤモンド・グラフィック社
印刷―――勇進印刷（本文）・慶昌堂印刷（カバー）
製本―――ブックアート
編集担当――髙野倉俊勝

© 2013 Nic Williamson
ISBN 978-4-478-02429-4
落丁・乱丁本はお手数ですが小社営業局宛にお送りください。送料小社負担にてお取替えいたします。但し、古書店で購入されたものについてはお取替えできません。
無断転載・複製を禁ず
Printed in Japan

◆ダイヤモンド社の本◆

あなたの口がネイティブに変わる！

10年以上日本で英語を教えている人気のカリスマ英語講師が、日本人が犯しやすい英語の間違いを指摘。どうすれば、ネイティブにより通じる英語が話せるようになるかを、わかりやすく解説する英会話の本。

中学レベルの英単語で
ネイティブとペラペラ話せる本

ニック・ウィリアムソン[著]

●四六判並製●CD付●定価(本体1600円+税)

http://www.diamond.co.jp/